国学新读本

孙子兵法

赵国华 注说

河南大学出版社

国学新读本编辑委员会

总策划　马小泉
主　编　李振宏
编　委　(以姓氏笔画为序)

马小泉　王　健　朱绍侯　刘小敏
李中华　李振宏　苏凤捷　何晓明
张云鹏　张富祥　宋会群　杨天宇
杨寄林　杨朝明　赵国华　郑慧生
姜建设　袁喜生　曹　峰　曹础基
曾振宇　咸良德　龚留柱　熊铁基

目　录

序 …………………………………… 李振宏（1）
《孙子兵法》通说 …………………………（1）

计 ………………………………………………（99）
作战 ……………………………………………（102）
谋攻 ……………………………………………（105）
形 ………………………………………………（108）
势 ………………………………………………（111）
虚实 ……………………………………………（114）
军争 ……………………………………………（118）
九变 ……………………………………………（122）
行军 ……………………………………………（124）
地形 ……………………………………………（128）
九地 ……………………………………………（131）
火攻 ……………………………………………（138）
用间 ……………………………………………（140）
参考文献 ………………………………………（143）

序

最近一些年来,一股"国学热"的思潮强劲涌动,在文化学界以至于整个社会上,引起了强烈反响。为什么在这样一个社会的大变革时代,在从传统社会向现代社会的转型期,最为传统的国学,却能引起国人的极大兴趣,这的确是一个值得思考和研究的问题。

"国学"作为一个学术文化概念,产生于近代。从渊源上讲,"国学"概念的产生,与"国粹"有些关联,并且是从对抗西学侵入的角度提出来的。今天,中华民族早已是一个独立于世界民族之林的自立自强的民族,全球经济一体化所带来的世界文化的汇合与交融,也早已是历史发展的必然趋势,而在这样的历史大势中,却会有"国学热"的产生,乍一看来,确有不可思议之处。但实际上,国学的当代走红,则与我们今天所处的历史时代有着一定的关系。

随着改革开放的迅速推进,随着市场经济的强劲发展,传统道德受到了强烈冲击,传统文化与现代文化观念的碰撞也日益强烈。于是,如何看待传统文化的问题,就严峻地提到了国人的面前。传统文化的出路何在,它从何而来,要走向何方,如何对之进行价值重估,一切关心文化问题,有着强烈历史责任感的人们,无不把关注的目光投向中国的传统学术。当然,也不排除一些对改革开放和市场经济所带来的冲击无法理解和接受,对现代经济发展对传统道德的亵渎强烈抗议的人们,自然而然地发出向传统文化复归而倡导国学的呼声。总之,不论是出于积极的思考,还是抱着一种向后看的心态,对国学的重视则成了最近十多年来一种普遍的文化选择。

于是,对待"国学热"就需要有一个分析的态度。对于任何一个民族的发展来说,传统文化都是其牢固的根基,是其一切历史的出发点,摒弃传统、甚至全盘否定传统文化,都是幼稚可笑的,不可取的。但一遇到问题就求助于传统,甚至一味狂热地提倡向传统复归,也是走不通的,过去那句常说的"倒退是没有出路的"话,虽说不是什么至理名言,却也还是有些道理的。这些年来,一些地方出现的中小学生、甚至幼儿园小朋友的读经热,就是一种值得注意的倾向。国学,毕竟是一种学术,需要有一定的文化基础,有一定的分析批判能力,才能对之进行识读、鉴别而决定其取舍。所以,严格地说,对于国学,尤其是经学,在当代中国,需要的是研究以及在此基础上的批判继承,而不是再像传统社会中那样采取唱诗班的方式,对青少年一代进行无分析地灌输。因此,如何弘扬传统文化,就是一个需要思考的问题。

正是基于以上考虑,为着弘扬优秀传统文化的需要,也为着对社会上盲目崇尚读经的风气有所引导,我们组织了这套"国学新读本"丛书,选择一些在中国传统文化中影响较大的国学典籍,对之进行简明扼要的注释,然后在读本前边,用较大篇幅解读该典籍的基本思想文化内涵,评述其在中国文化史上的地位和影响,并对如何阅读该典籍做出读书方法上的引导。通过这样一个较为翔实的导读内容,以批判分析的态度,给青年人的国学典籍阅读提供一个健康的思想导向。根据这样的宗旨,这套丛书,在大的结构上,每本都分为通说和简注两个部分,通说是导读的性质,简注在于疏通文字,希望这样的安排,能够为青年朋友和一般社会读者提供一个国学入门的向导。果能如此,也就实现了撰著者和出版者的愿望。

国学所以是国学,就在于它是我们祖国优秀民族文化和民族精神的载体。在这些国学典籍中,包含着民族文化的基因,蕴藏着民族精神的范型。衷心期待这套丛书能够成为广大读者学习国学精华,体认民族精神,继承祖国优秀文化遗产的良师益友。

李振宏
2008 年 2 月 28 日

《孙子兵法》通说

人类社会的历史,是一个充满问题的过程,是一个解决问题的过程。其中一个重要的问题,就是战争与和平。和平本为人们所向往,战争遂为人们所关注。围绕战争、战争指导和军队建设诸问题,人们不断地进行探讨,产生了许多军事著作。其中一部重要的著作,就是《孙子兵法》。这部现存最早的军事著作,代表着世界古代军事学的最高成就。经过千百年来的广泛传播,它不仅是中国人民极其珍贵的文化遗产,而且成为世界人民共同的精神财富。时值当今社会,中国正在走向世界,世界需要了解中国,仔细读一读这部著作,无疑会深受启迪。

一 孙武的时代

正如每一部经典作品,都镌刻着深深的历史痕迹,《孙子兵法》作为世界军事名著,也散发着浓浓的时代气息。孙武撰写这部著作,从近处观察着春秋时代的政治和军事变革,从远处审视着夏商之际、商周之际两次政权更替,从更远处关注着黄帝时代的战争经验,直把千年风云尽收眼底。

自从跨入文明社会,战争作为一项重要的社会活动,就伴随着人类的生活。人们对战争的策划和思考，构成初始的军事思想。根据远古历史传说，公元前2200年前后，在中国黄河和长江流域，活跃着三个大的集团，即以黄帝、炎帝为代表的华夏集团，大致活动在黄河中游；以太皞、少皞为代表的东夷集团，大致活动在黄河下游；还有南方的苗蛮集团，大致活动在长江中游。其中，华夏集团的凝成，以黄帝、炎帝两个部落的融合为标志，主要通过婚姻和战争两种方式完成。在华夏集团凝成后，社会联系进一步加强，相继同东夷、苗蛮两大集团发生关系，包括较大规模的战争。长期战争的结果是，黄帝战胜其他集团，被尊称为"天下之主"。又过1700多年，孙武回顾这段历史，在讨论山地、河流、斥泽、平原地带作战的原则时，就明确地指出："凡此四军之利，黄帝之所以胜四帝也。"①这是把黄帝当作兵家始祖，因为黄帝以前的故事，诸如盘古开天地、伏羲氏造人、燧人氏取火、有巢氏筑屋、神农尝百草等，与战争没有多大关系，何况它们还属于神话系列。

历史进入虞夏之际，完成了第一次社会转型，世袭制取代禅让制，家天下取代公天下，开始转入王权时代。这一社会转型引发了不同政治势力的矛盾冲突。夏朝创建伊始，作为夏王室的同姓诸侯，有扈氏不愿接受新的制度，率先起兵反对王室。夏启亲自率军讨伐，与有扈氏大战于甘（在今河南洛阳），战前召集六军主将，宣布有扈氏的罪恶说："有扈氏不遵守传统的治国方针，荒废正德、利用、厚生三大政事，上天要断绝他的国运。"因此，夏启征讨有扈氏的军事行动，被说成是奉行上天的旨意，对有扈氏的应有惩罚。

---

① 《孙子·行军》。在解释这一段话时，宋代施子美说："盖上古之世用兵者，自黄帝始，故后之言兵者，莫不言黄帝。"（《施氏七书讲义·孙子讲义·行军》）明代刘寅说："黄帝即轩辕，以其土德王天下，故曰黄帝，兵家之法所由始也。"（《武经七书直解·孙子直解·行军》）这都是把黄帝视为兵家的始祖。

"恭行天罚"的政治声讨，对战争胜败的结果发挥了很大的作用。经过甘地一战，夏启打败了有扈氏，巩固了夏朝的统治。

夏商之际，两种政治势力互为消长，一方面是夏王室的衰落，另一方面是商族的崛起。汤作为商族的领袖，经过长期的战争准备，走上推翻夏朝的道路。双方决战于鸣条（在今河南封丘），在战前誓师大会上，商汤面对全体部众，说明征讨夏桀的原因："夏桀犯下许多罪行，上天命令我去诛灭他。"汤把自己的行为说成是秉承上天的意志，是不敢不做的事情。吊民伐罪、替天行道，作为一种政治号召，有助于征讨夏桀的成功。因为有这一号召，商汤才能得到诸侯的支持，利用民众的力量，迅速地推翻夏朝，建立起商朝的统治。

商周之际，又一次发生王朝更迭，与前一次王朝更迭的方式几乎如出一辙，唯独换上新的政治角色，一方是混乱的商王室，另一方是兴盛的周族。本来在周文王时期，"三分天下有其二"，对比商王室就占有优势。周武王继位后，发起征伐商纣的行动，双方决战于牧野（在今河南汲县）。在战前誓师大会上，周武王郑重地宣告："商纣王偏信妇人的话，丢掉祭祀祖先的礼仪，抛弃王室的成员不用，反而信任逃亡的犯人，让他们担任大夫、卿士。这些人残害百姓，在朝野上下作恶多端。现在，我要执行上天的惩罚。"由此可知，周武王征伐商纣，仍旧打着天命的旗帜。与以往不同的是，周武王推翻商朝后，"归马于华山之阳，放牛于桃林之野"①，明示天下不再乘用，给后世留下"偃武修文"的榜样。

"汤武革命"的理论价值，在于彰显一条战争法则：战争不是单纯的杀戮，而是禁暴除乱的手段，是替天行道的方式。天道是征伐者的利剑，暴乱是被征伐者的罪恶。征伐者用天道的利剑，去斩

---

① 《尚书·武成》。

除暴乱的罪恶,自是天经地义的事情,是战无不胜的行动。对于"汤武革命"的事迹,孙武十分关注,在谈过"黄帝伐四帝"后,接着叙述夏商鸣条之战、商周牧野之战,最后得出结论:黄帝、商汤、周武王能够平定天下,在于"皆得天之道、地之法、民之情"①。特别是站在战略的高度,孙武回顾"汤武革命",洞悉"上智为间"的重要性,明确地指出:"殷之兴也,伊挚在夏;周之兴也,吕牙在殷。"②这是把伊挚、吕牙视为夏商、商周之际两次王朝更迭的关键人物。

吕牙,即姜尚,又称吕望、太公望,俗称姜太公。他出身于没落贵族,曾在商王室供职,因见商纣王荒淫无道,转去游说诸侯,却未能受到重用,甚至穷困潦倒,后得周文王的赏识,进入周族统治集团。作为一代军事谋略家,姜尚参与文王削弱商朝的活动,协助武王指挥推翻商朝的战争,辅佐成王巩固周朝的统治,以及后来治理齐国,都表现出卓越的才能。他的做法,诸如注重争取民心,扩大周王室的社会基础;充分利用政治攻势,团结可以团结的力量;强调乘隙捣虚,一举推翻商朝的统治;重视因地制宜,促使齐国迅速强大等,都闪烁着谋略的光辉。所以,"后世之言兵及周之阴权,皆宗太公为本谋"③。姜尚作为兵家的创始人,对传统军事学的构建、齐文化的发展,以及孙子思想的形成,都有着深刻的影响。

春秋时期,伴随急剧的社会转型,涌现出一系列问题。原来"礼乐征伐自天子出",转变为"礼乐征伐自诸侯出",进而转变为"礼乐征伐自大夫出"。诸侯国统治阶级内部,因为权力的重新分配,存在着尖锐的矛盾冲突。就天下形势而言,一些较强大的诸侯国,为了扩张本国领土,争夺霸主地位,时常运用战争手段,并以外

---

① 《银雀山汉墓竹简·孙子兵法》下编《黄帝伐赤帝》。
② 《孙子·用间》。
③ 《史记·齐太公世家》。

交手段相配合。特别是春秋中后期,晋楚两国的争霸,一度成为历史的轴心。晋国为了牵制楚国,积极扶植吴国;楚国为了反制吴国,又去笼络越国。因此,吴晋两国保持友好关系,吴楚两国处于敌对状态。吴王阖闾即位之后,重视吴国的周边环境,曾经与孙武讨论晋国问题,预测晋国的发展趋势。孙武认为,晋国内部的政治较量,必然导致诸大夫灭亡,首先是范、中行两家,其次是智氏,再次是韩、魏两家,最终将归于赵氏。他从土地制度、税收制度、公家与私家的经济状况、诸大夫与臣下的关系等方面,对此进行了深入的分析①。这一预测不完全准确,但说明孙武认识问题,不是单纯的军事观点,而有更开阔的视野。

当然,促使孙子思想形成的根本因素,在于春秋时期的军事变革。那时"国之大事,在祀与戎"②,战争决定一个国家的命运,成为人们最关心的问题。各国统治者顺应时代要求,通过改革军事制度,加强军队建设,提高国家军事力量,积极投入对外战争,致使武器装备不断改进,军队数量不断增加,战争规模不断扩大。人们对战争指导原则的理解,随之发生重大的转变:从仁义之师转变为诡诈之师。在这一转变过程中,各国统治者着眼于现实,总结以往的战争经验,积累了丰富的军事谋略。如齐鲁长勺之战,曹刿提出"夫战,勇气也,一鼓作气,再而衰,三而竭"③;宋楚泓水之战,子鱼主张"未既济"而击之,"未成列"而击之;晋楚城濮之战,子犯提出"师直为壮,曲为老"④,"战阵之间,不厌诈伪"⑤;齐宋新里之战,

---

① 详见《银雀山汉墓竹简·孙子兵法》下编《吴问》。
② 《左传》成公十三年。
③ 《左传》庄公十年。
④ 《左传》僖公二十八年。
⑤ 《韩非子·难一》。

乌枝鸣强调"用少莫如齐致死,齐致死莫如去备"①。诸如此类军事谋略,为孙武研究战争指导问题,提供了生动的资料。

特别是齐国,作为孙武的祖国,长期保持大国姿态,积极投入争霸活动,在军事上多有建树。齐桓公受管仲辅佐,通过政治和军事改革,建立起军政合一、兵农合一的军事体制,增强了齐国军事力量,继而打着"尊王攘夷"的旗号,"九合诸侯,一匡天下"②,率先开创了霸业。齐国作为兵家的摇篮,曾经培育出许多名将。比孙武稍早一点,就有名将司马穰苴。司马穰苴不但善于用兵,还阐释过《司马法》,深受晏婴的赏识,被誉为"文能附众,武能威敌"③。或许受司马穰苴的影响,孙武也很懂得《司马法》。"《司马法》所从来尚矣,太公、孙、吴、王子能绍而明之,切近世,极人变。"④这一军事学术传统,加上孙氏世代为将,有着丰富的战争经验,就为《孙子》的创作,打下了良好的基础。

值得重视的是,在军事学方面,春秋中期以前,已经有两部军事著作:《军志》和《军政》,它们都得到广泛流传。从相关资料看,这两部著作有以下观点:君主要以德治国,因为自身有德行,就可以无敌于天下;战争要从实际出发,量力而行,能够取胜则进,难以取胜则退,做到适可而止;将帅要懂得先发制人,以挫伤敌人的锐气,而决定后发制人,则要等到敌人懈怠;如果敌方力量强大,就要避开正面交锋,利用敌人疲惫、饥饿或士气低落的机会,再来展开进攻;时刻保持战备状态,按照统一命令行动,在战场上进退有度,以便步调一致。孙武论及战争指导问题时,曾经明确地指出:

---

① 《左传》昭公二十一年。
② 《史记·管晏列传》。
③ 《史记·司马穰苴列传》。
④ 《史记·太史公自序》。

"《军政》曰:言不相闻,故为金鼓;视不相见,故为旌旗。"①这说明《孙子》的成书,广泛吸收了前人的军事观点。

正是这样的时代,这样的战争背景,这样的学术基础,为孙武探讨战争观、战争指导原则和军队建设诸问题,提供了必要的思想养料。孙武作为一位军事学家,又极力发挥个人的聪明才智,写成《孙子》十三篇,从而走上世界军事舞台。

二　孙武的生平

孙武,字长卿,春秋末期齐国人②,出生于贵族家庭,少时生活在临淄(今山东临淄),受过良好的教育,但尚未步入仕途。他的先祖在陈国,陈国公子完因为内乱,逃奔到齐国,改称田氏③。齐桓公赏识田完,任命他为工正,负责管理手工业。田完的四世孙田无宇,在齐庄公时担任大夫,曾经与齐国贵族鲍氏结盟,打败栾、高两家贵族,开始掌握军权。田无宇有两个儿子:田恒和田书。田书继任大夫,参与征伐莒国有功,被齐景公赐姓孙,分封于乐安(今山东惠民)。孙书生孙凭。孙凭仍任卿官,生有两个儿子:孙武和田乞。出于个人的原因,孙武没有继承父业,而让位给田乞。这么说来,孙武是田完的七世孙,是田无宇的重孙,是孙书的孙子,是孙凭

---

① 《孙子·军争》。《军志》、《军政》的问世,是中国兵学萌芽的标志。也许因为佚文太少,"志"、"政"字音相近,可以怀疑《军志》、《军政》为同一著作。但在得到确凿的证据前,这只能是一种猜测。

② 关于孙子的籍贯,学术界众说纷纭。根据欧阳修所述,孙子的祖父书"食采于乐安",乐安今属何地,学者们意见不一,形成惠民、广饶、博兴三种说法。此外,还有学者认为,封邑不等于籍贯,孙子故里在临淄。

③ 《史记·田敬仲完世家》:"敬仲之如齐,以陈字为田氏。"唐代张守节注称:"敬仲既奔齐,不欲称本国故号,故改陈字为田氏。"司马贞注称:"敬仲奔齐,以陈田二字声相近,遂以为田氏。"

的儿子。

　　齐景公十六年（前532），因为君主继位人选问题，齐国贵族发生内乱。田乞作为大夫，联合鲍氏家族，发兵打败高、国两家贵族，夺取齐国的统治权。但不知道什么原因，当田乞发迹之际，孙武作为他的兄长，陡然离开齐国，经过千里跋涉，来到南方吴国，隐居在穹庐山（在今江苏吴兴），专心研究军事问题，写成《孙子》一书。后人编修吴国历史，称孙武"善为兵法，僻隐深居，世人莫知其能"①，就是指这段故事。

　　也许没过多久，孙武结识了伍子胥，并成为知心朋友。伍子胥先到吴国，参与谋划政变，拥立阖闾为王。阖闾即位之后，很信任伍子胥，共同商议朝廷大事。伍子胥知道孙武擅长论兵，可以折冲销敌，"一旦与吴王论兵，七荐孙子"②。阖闾三年（前512），在伍子胥引荐下，孙武进见阖闾。这个时候，阖闾已经读过《孙子》，很赞赏书中的见解，但对孙武的才能，缺乏具体的了解。所以，在与孙武谈话时，略有疑虑地说："子之十三篇，吾尽观之矣，可以小试勒兵乎？"③孙武表示同意。于是，根据孙武的要求，选出180名宫女，把她们集合起来，开始在宫中操练。

　　　孙子分为二队，以王之宠姬二人各为队长，皆令持戟。令之曰："汝知而心与左右手背乎？"妇人曰："知之。"孙子曰："前，则视心；左，视左手；右，视右手；后，即视背。"妇人曰："诺。"约束既布，乃设铁钺，即三令五申之。于是鼓之右，妇人大笑。孙子曰："约束不明，申令不熟，将之罪也。"复三令五申而鼓之左，妇人复大笑。孙子曰："约束不明，申令不熟，

---

① 《吴越春秋·阖闾内传》。
② 《吴越春秋·阖闾内传》。
③ 《史记·孙子吴起列传》。

将之罪也；既已明而不如法者，吏士之罪也。"乃欲斩左、右队长。吴王从台上观，见且斩爱姬，大骇。趣使使下令曰："寡人已知将军能用兵矣。寡人非此二姬，食不甘味，愿勿斩也。"孙子曰："臣既已受命为将，将在军，君命有所不受。"遂斩队长二人以徇。用其次为队长，于是复鼓之。妇人左右前后跪起，皆中规矩绳墨，无敢出声。于是孙子使使报王曰："兵既整齐，王可试下观之，唯王所欲用之，虽赴水火犹可也。"吴王曰："将军罢休就舍，寡人不愿下观。"孙子曰："王徒好其言，不能用其实。"于是，阖闾知孙子能用兵，卒以为将。①

这段历史故事，被称做"吴宫教战"，通过详细的描述，说明将帅只有从严治军，确立自己的权威，才能做到令行禁止，使军队保持步调一致，形成强大的战斗力。"理国无难似理兵，兵家法令贵遵行，行刑不避君王宠，一笑随刀八阵成。"②孙武在阖闾的面前，因为军令得不到执行，就将两位王姬斩首，可以说为人刚毅、处事果断，具备将帅的基本素质。无怪乎阖闾目睹这一场面，尽管对孙武有所不满，但在情感和理智之间，能做出明智的判断，任命孙武为将军。

在出任将军后，孙武和伍子胥一起，共同辅佐阖闾，准备进攻楚国。阖闾三年（前512），阖闾率军攻打楚国，夺取了舒城（在今安徽庐江），图谋进攻郢都（在今湖北荆州），孙武劝解说："民劳，未可，待之。"③阖闾采纳这一建议，随即撤军回国，继续进行战争准备。九年（前506），阖闾决定进攻楚国，征询伍子胥、孙武的意见。伍子胥、孙武回答说："楚将囊瓦贪，而唐、蔡皆怨之。王必欲

---

① 《史记·孙子吴起列传》。另见《银雀山汉墓竹简·孙子兵法》下编《见吴王》及《吴越春秋》。
② 周昙：《咏史·孙武》，《校编全唐诗》第3813页，湖北人民出版社，2001年。
③ 《史记·吴太伯世家》。

大伐之,必先得唐、蔡乃可。"①阖闾赞同这一方略,亲自统率吴军3万人,乘船沿淮水西进,经唐、蔡两国境内,至淮汭(今河南潢川淮河弯曲处)弃船登岸,从大别山麓插入楚国,大破楚军于柏举(在今湖北麻城),继而深入汉水流域,乘胜追击楚军,五战五捷,迅速攻克郢城,创造了千里跃进、攻取大国都城的战例。

这场大规模的战争,吴国以弱小的兵力打垮强大的楚国,显然与孙武、伍子胥等人的正确指导有着密切的关系。司马迁为孙武立传,称吴国"西破强楚,入郢,北威齐、晋,显名诸侯,孙子与有力焉"②。可惜的是,经过这场战争之后,孙武再没有指挥作战,从历史文献中消失了。有一种合理的推测,认为孙武以具体的战争实践,证实所著兵法的可行性,于是再度归隐山林,专心研究军事理论,直到他生命的尽头,被埋葬在吴都城外③。

在中国历史上,孙武作为一位历史人物,既与吴起并提,又与孔子对称。从战国时期开始,人们把孙武、吴起的军事著作,合称为"孙吴兵法",一直沿用下来。到了两汉时期,又有人明确指出:"天下无主,如有圣人承敝而起,虽仲尼为相,孙子为将,犹恐无能有益。"④孙武、吴起两人被看做兵家的代表人物;孙子、孔子两人则被视为完美的将相组合。

三 《孙子》的成书

从孙武的生平看,《孙子》成书的时间,不会晚于阖闾三年。

---

① 《史记·伍子胥列传》。
② 《史记·孙子吴起列传》。
③ 《越绝书·吴地传》:"巫门外大冢,吴王客、齐孙武冢也,去县十里。"巫门,又称"平门",为吴都城北门。据此可知,孙子去世之后,被葬于吴都城北门外。
④ 《后汉书·光武帝纪》。

换句话说,在进见阖闾之前,孙武已经写出《孙子》。因为有阖闾的话作为证据,我们甚至可以推断,《孙子》最早的文本,就是传世的十三篇。在取得确切的反证前,对司马迁的相关叙述,我们不能轻率地予以否定。

《孙子》为孙武所著,原本没有什么疑问,但从北宋后期以来,受着疑古风气的影响,遭到一些学者的质疑。梅尧臣首倡"战国相倾之说"①,认为《孙子》是战国作品。陈振孙认为:"孙武事吴阖闾,而不见于《左氏传》,未知其果何时人也。"②叶适称"凡穰苴、孙武者,皆辩士妄相标指,非事实",断定《孙子》是"春秋末战国初山林处士所为"③。从质疑到否定,一直延续到清代,姚鼐认为:"吴容有孙武者,而十三篇非所著,战国言兵者为之,托于武焉尔。"④大体说来,他们不但否认《孙子》为孙武所作,甚至不承认孙武的存在。针对这一系列观点,四库馆臣评论说:

> 《史记》称十三篇,在《汉志》之前,不得以后来附益者为本书……武书为百代谈兵之祖,叶适以其人不见于《左传》,疑其书乃春秋末、战国初山林处士之所为。然《史记》载阖闾谓武曰:"子之十三篇,吾尽观之矣。"则确为武所自著,非后人嫁名于武也。⑤

四库馆臣的评论,以《史记》为依据,认为十三篇为孙武所作,有一定的说服力。尔后,孙星衍整理《孙子》,认为"是孙子手定",称"兵家言,惟《孙子》十三篇最古。其书通三才五行,本之仁义,佐以权谋,其说甚正。古之名将用之则胜,违之则败,称为兵经,比于

---

① 欧阳修:《欧阳文忠公集》卷42《孙子后序》。
② 陈振孙:《直斋书录解题》卷12《兵书类》。
③ 叶适:《习学记言》卷46。
④ 姚鼐:《惜抱轩全集·文集》卷5《读〈孙子〉》。
⑤ 《钦定四库全书总目》卷99《子部九》。

六艺,良不愧也"①。令人遗憾的是,这一正确的论断,未能得到普遍的认同。直到清末民初,否认孙武作十三篇的观点,仍旧十分流行。如梁启超认为:"此书若指为孙武作,则可决其伪;若指为孙膑作,亦可谓之真。"②钱穆认为:"《孙子》十三篇洵非春秋时书,其人则自齐之孙膑而误。""武殆即膑名耳。"③这种"疑古"的气氛,对于认识孙子其人其书,都有不利的影响。

1972年4月,银雀山汉墓竹简《孙子》、《孙膑兵法》的发现,起码可以证明:孙武和孙膑不是一个人,《孙子》和《孙膑兵法》不是一部书,在西汉以前就有两部《孙子》:《孙子》又称《吴孙子》,《孙膑兵法》称《齐孙子》,广泛地流传于世。所以,不能因为今本的个别字句不符合春秋时期的战争情形,或者《左传》没有孙武的生平记载,或者拘泥于"春秋无私人著述"说,就随意否认孙武著《孙子》的事实。

依据现存资料,研究《孙子》的成书,问题不在于成书时间,而在于它的篇章编次。

《孙子》的篇幅,《史记·孙子列传》称作13篇,《汉书·艺文志》著录82篇、图9卷。这两种记述相比较,存在着很大的差异。是什么原因造成的呢?唐代杜牧解释说:"(孙)武所著书,凡数十万言,曹魏武帝削其繁剩,笔其精切,凡十三篇成为一编。"④据此推测,《孙子》十三篇文本,出自曹操的手笔,是以八十二篇为底本,删繁就简而成。这一解释看似有理,但不为后世学者认同。清代章学诚分析说:

按《孙武传》:"阖闾谓孙武曰:'子之十三篇,吾尽观之

---

① 孙星衍:《孙子兵法序》,四部备要本。
② 梁启超:《中国历史研究法》第95页,上海古籍出版社,1987年。
③ 钱穆:《先秦诸子系年考辨·孙武辨》,商务印书馆,2001年。
④ 杜牧:《樊川文集》卷10《注孙子序》。

矣。'"阮孝绪《七录》:"《孙子兵法》三卷,十三篇为上卷,又有中、下二卷。"然则杜牧谓魏武削其数十万言,为十三篇者,非也。盖十三篇为经语,故进之于阖闾,其余当是法度名数,有如形势、阴阳、技巧之类,不尽通于议论文辞,故编次于中、下,而为后世亡逸者也。十三篇之自为一书,在阖闾时已然,而《汉志》仅记八十二篇之总数,此其所以益滋后人之惑矣。①
章学诚认为,《孙子》82篇中间,仅有13篇流传下来,不是后人删削的结果。其中主要的原因,是《孙子》十三篇属于经典的理论,容易流传于世;其余六七十篇属于法度名数之类的文字,难以长久保存。这种说法有一定的道理。

反过来看,杜牧的观点与否认孙武著书的说法一样,都存在一个致命的缺陷,即没有正视《史记》的价值。《史记》两次提到"《孙子》十三篇",自有其可靠的根据。根据《史记》的有关评论,甚至可以作出推断:司马迁读过《孙子》十三篇。何况东汉高诱注释《吕氏春秋》,"已谓《孙子兵法》只五千言,可知今本非曹操所削,一语破的,不待繁言而解矣"②。所以说,《孙子》十三篇本,本来单独流传于世,曹操阅读八十二篇本,觉得它过于繁杂,只是选注了十三篇。

《孙子》八十二篇本,成编于西汉时期,可能到东汉末期,就开始散佚了。根据历代书目著录,除十三篇以外,还有不少佚篇。见于《通典·兵典》的,有《吴子问孙武》十多篇;见于《隋书·经籍志》的,有《孙子八阵图》1卷、《吴孙子牝牡八变阵图》2卷、《孙子兵法杂占》4卷、《孙子战斗六甲兵法》1卷;见于《旧唐书·经籍志》、《新唐书·艺文志》的,有《吴孙子三十二垒经》1卷;见于银

---

① 章学诚:《校雠通义·汉志兵书》。
② 余嘉锡:《四库提要辨证》卷11《子部二》。

雀山汉墓竹简的，有《吴问》、《四变》、《黄帝伐赤帝》、《地形二》、《见吴王》5篇。这些篇章流传于世，后来或者残缺不全，或者全部佚失，但都应该列在82篇、图9卷里面。

总之，《孙子》十三篇并非孙膑所作，也没有经过曹操删定，而正如《史记》的记述，属于孙武的个人著作。这部著作问世以后，依靠单行本的形式，得到广泛的流传。《汉书·艺文志》著录82篇，是在十三篇本之外，加上孙武的其他论著，或者孙子学人的作品，合成一个总篇数而言，并非《孙子》原有82篇。所以，用十三篇本作依据来研究孙子思想，完全合乎历史实际。

四 《孙子》的理论

《孙子》十三篇，依次是《计》、《作战》、《谋攻》、《形》、《势》、《虚实》、《军争》、《九变》、《行军》、《地形》、《九地》、《火攻》和《用间》，约有6000字，主要运用理论思维方式，论述战争、战争指导和军队建设诸问题，构筑起一个较完整的军事思想体系。这一军事思想体系包括倡导全胜的战争理念，注重先知、庙算、速决、胜战、权变、地利等战争指导原则和以将帅为核心的军队建设思想，凸现了鲜明的谋略色彩。

（一）战争理念

《孙子》开宗明义说："兵者，国之大事，死生之地，存亡之道，不可不察也。"认为战争关系到民众的生死、国家的存亡，在所有国家事务中，占据极重要的地位。每一位君主和将帅，当面对战争的时候，都应该保持清醒的头脑，保持谨慎的态度，给予高度的重视，认真研究战争问题。

战争作为暴力的对抗，会给战争双方造成损失。所以，在战争指导方面,就有一条铁的规则,即以最小的代价换取最大的收获。如果不付出任何代价,就能取得战争的胜利,那就是完全的胜利。孙武站在这一高度,宣扬"不战而屈人之兵",以"全胜"为战争理念:

> 凡用兵之法,全国为上,破国次之;全军为上,破军次之;全旅为上,破旅次之;全卒为上,破卒次之;全伍为上,破伍次之。是故百战百胜,非善之善者也;不战而屈人之兵,善之善者也。①

在孙武看来,像这样的"善之善者",不用直接交战,就能降服敌人的军队;不用强行攻击,就能夺取敌人的城邑;不用旷日持久,就能毁灭敌人的国家。所以,只有坚持"全胜"的理念,军队才不至于疲惫受挫,才能得到最大的收获。

依据"全胜"的理念,孙武分析战争制胜的途径,大体包括四种:

> 上兵伐谋,其次伐交,其次伐兵,其下攻城。②

这就是说,赢得战争的最佳途径,是依靠谋略战胜敌人,其次是通过外交战胜敌人,再次是使用武力打败敌人,最糟糕的作战方式,是强行攻打敌人的城邑。孙武不赞成攻城作战,因为攻城作战需要准备各种攻城器械,需要修筑用于攻城的土山,需要驱赶士卒像蚂蚁一样爬城,结果士卒伤亡三分之一,而城邑还是攻不下来,造成极大的祸害。

战争行为的驱动力,在于一定的政治、经济利益。在不同的国家之间,政治、经济利益的矛盾,是引发战争的根本原因。孙武认识到这一点,在与吴王阖闾谈话时,很明确地指出:"兵,利也,非好

---

① 《孙子·谋攻》。
② 《孙子·谋攻》。

也。兵，□也，非好也。"①对战争决策来说，君主必须保持高度的理智，充分考虑到国家利益：

> 夫战胜攻取，而不修其功者，凶，命曰费留。故曰明主虑之，良将修之。非利不动，非得不用，非危不战。主不可以怒而兴师，将不可以愠而致战，合于利而动，不合于利而止。②

依孙武之见，无论君主还是将帅，都必须谨慎地对待战争，无利可图就不采取行动，不能取胜就不动用军队，不到危急关头就不发动战争。君主不能因为愤怒而出兵，将帅不能因为气恼而出战。只有符合国家利益，才可以发动战争，而不符合国家利益，就应该停止军事行动。

当然，辩证地对待战争，往往既不是纯粹的利益，也不是完全的祸害，而是利害相对、利害并存。将帅考虑战争问题，必须做到利害兼顾，一方面要运用有利条件，顺利地完成任务；要避开不利条件，防止意外的祸害；另一方面，要施加最大的危害，迫使敌人屈服；要采取利诱的手段，使敌人疲于奔命。所以，正确处理利害关系，才能取得战争胜利。

（二）战争指导原则

1. 先知原则

孙武认为，要想取得战争的胜利，必须仔细地研究战争。无论是战争决策，还是战争实施，都必须认清战争形势，既了解敌方的情形，又了解我方的情形。只有了解敌我双方的情形，认清战争形势，才能正确地指导战争，取得战争的胜利。正是在这层意义上，孙武明确地指出：

---

① 《银雀山汉墓竹简·孙子兵法》下编《见吴王》。
② 《孙子·火攻》。

> 知彼知己,百战不殆;不知彼,而知己,一胜一负;不知彼,不知己,每战必殆。①

这就是说,既了解敌方,又了解自己,就不会有失败;不了解敌方,只了解自己,胜败可能各占一半;不了解敌方,也不了解自己,每次战争都要失败。所以,战争指导的前提,在于认清战争形势,了解敌我双方的情形。知道自己的军队能打仗,而不了解敌人不可以进攻,胜利的可能只有一半;知道敌人可以进攻,而不了解自己的军队不能打仗,胜利的可能也只有一半;知道敌人可以进攻,也了解自己的军队能打仗,但不了解地形条件不利于作战,胜利的可能还只有一半。由此可见,"知彼"、"知己"同等重要,确切了解敌我双方的情形,进行周密的分析比较,发现敌方的薄弱环节,制定可行的作战计划,才能取得战争的胜利。每一位战争指导者,都应该不惜一切代价,去了解敌方的情形。因此,广泛开展间谍活动,就显得特别重要。

> 故明君贤将,所以动而胜人,成功出于众者,先知也。先知者,不可取于鬼神,不可象于事,不可验于度,必取于人,知敌之情者也。②

显然,在孙武看来,"先知"具有决定性意义,是战争胜利的根本条件。为了做到"先知",君主必须舍得用重金和爵禄,组织和开展间谍活动。间谍活动包括"因间"、"内间"、"反间"、"死间"、"生间"等五种形式。"因间"指利用乡亲关系做间谍;"内间"指利用敌方官员做间谍;"反间"指利用敌方间谍做间谍;"死间"指通过我方间谍,向敌人散布假情报;"生间"指正常派出间谍侦察并回报敌情。孙武认为,五种间谍一同使用,能使敌人摸不着头脑,没

---

① 《孙子·谋攻》。
② 《孙子·用间》。

法做出正确判断。对每一位君主来说,这是克敌制胜的法宝。

当然,具体开展间谍活动,必须发挥个人智慧,做到周密细致。因为"三军之事,莫亲于间,赏莫厚于间,事莫密于间"①,所以,不是聪明睿智的人,不能使用间谍;不是仁慈正义的人,不能使用间谍;不是精妙神算的人,不能从间谍活动中得到真实的情报。相比较而言,反间是最重要的间谍活动,因为利用敌方的间谍,能更好开展其他间谍活动。在孙武看来,通过各种间谍活动,尽可能地了解敌方的情况,是一切军事行动的依据。

除在战争决策时,必须做到"先知"之外,在战争实施过程中,也要及时掌握敌情,从细微之处着眼,分析敌人的企图,判断敌方的动向。敌人逼近而又安静,是依仗着险要地形;敌人离我很远而来挑战,是想引诱我军前进;敌人有意驻扎在平坦地方,其中必定另有图谋;敌方使者措词谦卑,而敌人暗中加紧战备,是准备进攻;敌方使者措词强硬,而敌人摆出前进姿态,是准备撤退;敌人先出动轻车,部署在两翼,是在布列阵势;敌人未遭受挫败,却来与我方讲和,是另有阴谋;敌人急速行动,并排列好战车,是想与我军决战;敌人半进半退,是引诱我军出动;敌人见利而不进,是疲劳的表现;敌人夜间惊叫,是恐慌的表现;敌人营中纷乱不宁,表明将领缺乏威严;敌人旗帜不整齐,表明队伍已经混乱;敌人杀马吃肉,表明军中缺粮;敌人抛弃炊具,不返回营地,是准备拼命突围。诸如此类论述,统称"相敌三十三法"。"相敌"即"知彼",又称"料敌",是在与敌人作战时,及时掌握各种信息,分析各种现象,对敌情作出判断,以便正确指挥作战。

所有这些都表明,"先知"作为一项军事原则,贯穿战争决策和战争实施的全过程,是战争指导的前提条件。

---

① 《孙子·用间》。

2. 庙算原则

历史上，任何一次战争都是一个战争准备和战争实施的全过程，战争决策处于战争准备和战争实施的交接点上，实属关键。正确的战争决策，有赖于充分了解敌方的情形，把它与我方的情形相比较，进而预测出战争的结局。这种军事预测活动，往往要在宗庙里进行，所以称作"庙算"。孙武认为，庙算的基本内容，包括"道"、"天"、"地"、"将"、"法"五个方面。

> 道者，令民与上同意也，故可以与之死，可以与之生，而不畏危。天者，阴阳、寒暑、时制也。地者，远近、险易、广狭、死生也。将者，智、信、仁、勇、严也。法者，曲制、官道、主用也。①

以上五个方面，被孙武称作"五事"，是战争胜败的决定因素，其中"道"最为重要。"道"属于政治因素，是使民众接受教育，进而与君主保持一致，全力为君主效命，不怕任何危险。在进行军事预测时，"五事"可以分解为"七计"：哪一方君主治国有道？哪一方将帅更有才能？哪一方军队适应天利地利？哪一方法令能贯彻执行？哪一方武器装备精良？哪一方士卒训练有素？哪一方赏罚公正严明？在孙武看来，参照"五事七计"的标准，对敌我双方进行分析和比较，就能预测战争的结局。

庙算关乎战争的全局，应该尽可能算得周密。孙武就此指出：

> 夫未战而庙算胜者，得算多也；未战而庙算不胜者，得算少也。多算胜，少算不胜，而况于无算乎！②

这说明只有庙算周密，才能预测得准确；只有预测得准确，才能稳操胜券，战争的最终结果，与战争预测密切相关。

---

① 《孙子·计》。
② 《孙子·计》

在战争预测方面,除"五事七计"之外,孙武还从别的角度,分析战争制胜的原因:

> 故知胜有五:知可以战与不可以战者胜,识众寡之用者胜,上下同欲者胜,以虞待不虞者胜,将能而君不御者胜。①

据此可知,战争指导的基本原则,在于知道什么条件下可以打仗,什么条件下不可以打仗;兵力多该怎么使用,兵力少该怎么使用;全军上下齐心协力;经过充分的准备,对付没有准备的敌人;将帅具有指挥才能,而君主不加以干预。通过分析这五种情形,也能够预测战争的胜败。

战争的最终结局,无外乎胜败两种情形。孙武不仅重视预测胜利,而且注重分析失败,认为失败有六种情形:"走"、"弛"、"陷"、"崩"、"乱"、"北",并且逐一解释说:在战争过程中,地理条件均等,盲目地以一击十,士卒必然逃跑;士卒强悍,军吏懦弱,指挥必然松弛;军吏强悍,士卒懦弱,士气必然低落;部将情绪急躁,不服从命令,遇上敌人擅自出战,必然溃败;将帅缺乏威严,教导不够明确,士卒缺乏纪律,临阵不守规范,必然杂乱无章;将帅不了解敌情,以少击众,以弱击强,又没有选锋,必然遭到失败。在孙武看来,这六种失败的情形,都不是士卒的问题,主要是将帅的过错。所以,将帅要想避免失败,必须不犯这些过错。

3. 速决原则

春秋末期,各诸侯国之间的战争,往往需要大量的人力、物力和财力,来支持各种军事活动。一般要动用战车千辆、辎重车千辆,加上军队十万,必须越境千里运送军粮,前方和后方的经费,接待往来使节和修理武器装备的费用,每天都要耗资千金。庞大的军费开支,对一些诸侯国来说,无论是国家和民众,都是很沉重的

---

① 《孙子·谋攻》。

负担。所以,军队开赴外地作战,就不能旷日持久,必须力求速战速决。

在战争指导方面,恪守速战速决的原则,是基于两方面的原因:一则军队长期在外作战,会被拖得疲惫不堪,甚至完全丧失战斗力;二则战争旷日持久,会给国家财政造成困难,以至无法继续支持战争。当这种情况发生后,别的国家就会乘机进犯,那时候再有谋略的人,也无法挽回危局。所以说:

> 兵闻拙速,未睹巧之久也。夫兵久而国利者,未之有也。①

与作战时间的长短相比,作战方法的巧拙属于次要的问题。既然持久作战对于军队、国家都没有好处,那么,速战速决的军事原则,就成为唯一的选择。

孙武强调战争贵在速战速决,不宜旷日持久,就当时客观条件而言,完全符合战争要求。为了达到速战速决,必须做好充分的战争准备。善于用兵打仗的人,军队不用再次征集,粮秣不用多次运送,武器装备从国内取用,粮食草料在敌国补给。同时,在实际作战过程中,必须"因利而制权","避实而击虚","避其锐气,击其惰归",正确地选择作战时机;必须"乘人之不及,由不虞之道,攻其所不戒"②,给敌人造成突然袭击,尽快夺得战争胜利。

4.胜战原则

在《孙子》十三篇里,"胜"字出现过83次,主要用作名词、动词,包括多种含义。所谓"先胜",是指战前稳操胜券,战时保持绝对优势,最终取得胜利。孙武认为,善于指挥作战的人,总能创造有利条件,不被敌人所战胜,等敌人暴露出弱点,再去打败敌人。

---

① 《孙子·作战》。
② 《孙子·九地》。

在通常的情况下,不被敌人所战胜,可以归我方掌握,但能否战胜敌人,要看敌人的行动。所以说能打败敌人,是因为敌人容易被打败。

> 善战者立于不败之地,而不失敌之败也。是故胜兵先胜而后求战,败兵先战而后求胜。①

在孙武看来,善于指挥作战的人,并不一定声名显赫,只是与一般人相比较,更懂得预测胜败,作战时不出差错。他们之所以不出差错,在于总使自己立于不败之地,而不放过任何打败敌人的机会。胜利的军队,总是先造成胜利的条件,然后才与敌人交战;失败的军队,则是先与敌人交战,然后寻求侥幸取胜。

怎样创造胜势呢?依照孙武的观点,必须注意五种条件:一是领地的大小,二是资源的多少,三是兵员的众寡,四是力量的强弱,五是胜败的可能。这些条件相互制约,领地的大小决定资源的多少,资源的多少决定兵员的众寡,兵员的众寡决定力量的强弱,力量的强弱决定战争的胜败。在战争实施过程中,将帅熟悉这些条件,就能预测战争结局。

从兵力对比来看,能取得胜利的军队,就像以镒称铢那样②,处于绝对的优势;遭到失败的军队,就像以铢称镒那样,处于绝对的劣势。战争胜利的一方,在与敌人作战时,就像在万丈高山上,突然决开积水,或者滚落垒石,有谁能阻挡得住呢?

5. 权变原则

战争不仅是物力的对抗,而且是心力的较量。对每一位将帅来说,只有根据敌我双方力量的对比,适应不断变化的作战态势,

---

① 《孙子·形》。
② "镒"、"铢"是计量单位,按春秋时的标准,24两为1镒,24铢为1两。

采取灵活机动的方法,才能取得战争的胜利。

孙武认为,根据敌我力量的对比,可以采取不同的战法:有十倍于敌人的兵力,就要四面包围敌人;有五倍于敌人的兵力,就要全力攻击敌人;有两倍于敌人的兵力,就要设法分散敌人;与敌人兵力相当,就要出奇战胜敌人;比敌人兵力少,就要善于摆脱敌人;各种因素都不如敌人,就要避免与敌人交战;弱小的军队固守硬拼,就会成为敌人的俘虏。

孙武认为,适应作战态势的变化,尤其是敌方的实际情形,可以采取不同的战法:避开敌人的锐气,等到敌人懈怠疲乏时,才发起攻击,是掌握军队士气的方法;以严整对付敌人的混乱,以镇静对付敌人的轻躁,是掌握军队心理的方法;就近进入战地,迎击远来的敌人,使军队休整充分,迎击奔波疲劳的敌人,使军队粮饷充足,迎击缺粮挨饿的敌人,是掌握军队战斗力的方法;不要迎击旗帜整齐、部署周密的敌人,不要进攻阵容严整、力量雄厚的敌人,是掌握机动变化的方法。

孙武认为,根据不同的作战态势,尤其是敌方的具体情形与所处的位置,可以采取不同的战法:敌人占据高地,不要发动仰攻;敌人背靠丘陵,不要正面进攻;敌人假装败退,不要跟踪追击;对付敌人的精兵,不要轻易出击;对付敌人的诱兵,不要予以理睬;对付撤退的敌人,不要强行拦截;对付被困的敌人,需要虚留缺口;对付陷入绝境的敌人,不要过分逼迫。

孙武认为,将帅对于传统战法,不可以生搬硬套,必须根据具体情况,采取灵活的手段:在难以通行的圮地,不要宿营;在交通便利的衢地,应当结交诸侯;在难以生存的绝地,不要停留;在进退两难的围地,要巧设计谋;在没有生路的死地,要奋勇决战。有的道路不能行进,有的敌人不能出击,有的城邑不能进攻,有的地方不能争夺,君主有的命令可以不执行。只有通晓权变手段,做到随机应变,才算懂得指挥作战,否则即使熟悉地形,也无法得到地利。所以,能否通晓权变手段,是发挥地利的关键。

6. 地利原则

孙武论述作战方法,强调"天"、"地"因素。但就这二者来说,他更加重视发挥地利,并根据不同的地理环境,对在山地、河流、沼泽、平原地带作战的原则,逐一加以说明。如通过山地,要靠近山谷行进,在居高向阳的地方驻扎;敌人已经占领高地,就不能仰攻。横渡江河,要远离水流驻扎;敌人渡河而来,不能在水中迎击,等敌人渡过一半,再发起攻击;若与敌人决战,不要靠近水边布阵;在江河地带扎营,也要居高向阳,不能面迎水流。遇到盐碱沼泽地,只有赶快离开;若与敌人交战,必须依托水草,背靠树林。在平原上,要占领开阔地带,最好背靠高地,后高前低,以便于发起攻击。

针对不同的地理形势,孙武分出"通形"、"挂形"、"支形"、"隘形""险形"、"远形"等六种地形,并就每一种地形的特点及其作战的方法,分别解释说:我军可以往,敌人可以来,叫做通形,在这样的地方,要先占据高地,保持粮道畅通,就有利于作战;可以前往,难以返回,叫做挂形,在这样的地方,若敌人没有防备,就可以出击,若敌人有防备,进攻不能取胜,就难以返回;我军出击不利,敌人出击也不利,叫做支形,在这样的地方,敌人施以利诱,也不要出战,最好是假装撤退,等敌人一半追出,再予以回击;在狭隘的地方,要先夺取隘口,并用重兵把守,以等敌人到来,若敌人占据隘口,就不要轻易进攻;在险峻的地方,要先夺取制高点,以等敌人到来,若敌人已经占据,就应主动撤退,不要去攻击;在相距较远的地方,作战态势相同,不宜出兵挑战,勉强与敌人交战,也难以取胜。

针对不同的作战地区,孙武分出"散地"、"轻地"、"争地"、"交地"、"衢地"、"重地"、"圮地"、"围地"、"死地"等九类战地,并就每一类战地的特点及其作战的方法,分别加以解释。如诸侯在自己的国家和敌人作战,叫做散地,在散地不适合作战;进入敌国而未深入其境,叫做轻地,战时不宜停留;对作战双方都有利的地方,叫做争地,我方应当抢先占领,如果被敌人占领,就不要轻易进攻;敌我双方都可以来往的地方,叫做交地,在交地作战,必须前后策应,不使军队脱节;与别的诸侯国交界,可以得到外援的地方,叫做衢地,在衢地作战,要结交别的诸侯国;深入敌国境内,又越过许多城邑,叫做重地,在重地作战,要掠取敌人的粮秣;山林、险阻、沼泽等路途不便的地方,叫做圮地,战时应迅速通过;进入的道路狭隘,退出的道路迂远,敌人能以少取胜的地方,叫做围地,在围地作战,必须巧设计谋,出奇制胜;迅疾奋战能生存,否则会被消灭的地方,叫做死地,在死地作战,只能拼命苦战,死里求生。

依照孙武的说法,地理环境作为用兵的辅助条件,直接影响战争的胜败,在战争实施过程中,考察地形的险易,计算路途的远近,是将帅的基本职责。

> 不知诸侯之谋者,不能豫交;不知山林、险阻、沮泽之形者,不能行军;不用乡导者,不能得地利。[①]

只有熟悉作战的地理环境,了解敌我双方的情形,懂得天时和地利,才能够稳操胜券。

(三) 军队建设思想

自古以来,军队建设是国家的重要事务,受到统治者的高度重视。军队建设的优劣得失,关系到国家力量的强弱,决定着对外战争的胜败。孙武论述军队建设问题,强调以将帅为核心,注重军队内部和谐。

将帅和士卒,作为战争的行为主体,是战争胜败的根本因素。

[①] 《孙子·军争》。

任何一位军事学家,在构筑军事思想体系时,都会关注这个问题。因为战争自身的特点,将帅在战争中的特殊性,孙武特别关注将帅,把"知兵之将"视为民众命运的主宰,国家安全的柱石。他认为将帅作为君主的辅臣,辅佐得周密,国家就会强盛;辅佐有缺陷,国家就会衰弱。从这个意义上说,将帅对国家的盛衰,起着至关重要的作用。

孙武认为,将帅的基本素质,包括"智"、"信"、"仁"、"勇"、"严"五个方面。

> 智者,能机权,识变通也;信者,使人不惑于刑赏也;仁者,爱人悯物,知勤劳也;勇者,决胜乘势,不逡巡也;严者,以威刑肃三军也。①

换句话说:

> 专任智则贼,偏施仁则懦,固守信则愚,恃勇力则暴,令过严则残,五者兼备,各适其用,则可为将帅。②

将帅应当"五德"兼备,成为传统将论的纲领。

从正反两面来看,每位将帅既要"五德"兼备,又必须克服自身的缺陷。孙武有鉴于此,郑重告诫每位将帅:只知道拼命,就可能会战死;一味贪生怕死,就可能被俘虏;情绪急躁,容易动怒,就可能受不住刺激;廉洁好名,过于自爱,就可能经不起羞辱;爱护民众,就可能被烦扰不宁。这些过失一旦出现,就会造成极大的危险,甚至导致全军覆没,所以必须高度警惕。

更重要的是,作为一名优秀将帅,除上述基本素质之外,必须具备一种特殊的品格。孙武特别强调:

> 战道必胜,主曰无战,必战可也;战道不胜,主曰必战,无

---

① 《孙子·计》杜牧注。
② 《孙子·计》贾林注。

战可也。故进不求名,退不避罪,惟人是保,而利合于主,国之宝也。①

这是说将帅指导战争,必须符合战争指导规律,确有必胜的把握,即使君主下令不要出战,也可以坚持作战;没有必胜的把握,即使君主下令出战,也可以不去作战。进一步不企求功名,退一步不推脱罪责,一切为了保护民众,而与君主的利益相一致,才是将帅的优秀品格。

至于对待士卒,孙武站在将帅的立场上,主张恩威并重,刚柔兼济。一方面要求关爱士卒,能像对待婴儿那样,就可以与他们共赴危难;能像对待爱子那样,就可以与他们同生共死。另一方面,不能过于放纵士卒,待遇过好而不能使用,一味溺爱而不能指挥,违犯法令而不能惩治,那就像娇惯的孩子,无法用来打仗。所以,军队建设的基本原则,归结起来为一句话:"令之以文,齐之以武。"②即加强思想政治教育,使用严明公正的法令,促使士卒服从命令,行动起来步调一致,从而提高军队的战斗力,发挥士卒的积极性。

当然,加强军队政治教育,不是一朝一夕的事情,必须从平时抓起。平时严格教育士卒,认真执行法令,士卒就会服从命令;平时不能严格教育士卒,认真执行法令,士卒就不服从命令。只有懂得服从的军队,在战争实施过程中,才能遵循将帅的命令,上下携手并进,夺取战争胜利。

(四) 理论特征

孙子思想包括对战争、战争指导和军队建设诸问题的论述,是

---

① 《孙子·地形》。
② 《孙子·行军》。

一个较完整的理论体系。从哲学角度看这一理论体系,它的核心在于朴素的辩证法。

通观《孙子》十三篇,包含着一系列矛盾范畴。诸如敌我、彼己、主客、强弱、众寡、虚实、奇正、分合、动静、进退、攻守、利害、迂直、速久、险易、治乱、劳逸、勇怯、文武、阴阳、安危、胜败等,都是战争基本矛盾。因为矛盾的普遍性,孙武论述战争指导原则,注意分析各种矛盾,兼顾矛盾的两方面。如强调的

> 智者之虑,必杂于利害,杂于利,而务可信也,杂于害,而患可解也①

就是告诫人们在不利的条件下,要考虑到有利的因素,增强胜利的信心;在有利的条件下,要考虑到不利的因素,防止意外的祸害。

孙武认为,军事领域的矛盾,与自然现象一样,总在不断地变化,如金、木、水、火、土五行相生相克,没有哪一个保持常胜;春、夏、秋、冬四季依次更替,没有哪一季固定不移;白天有长有短,月亮有圆有缺,没有不变的现象。所谓"乱生于治,怯生于勇,弱生于强"②,就是说混乱可能产生于严整的组织,怯懦可能产生于勇猛的士气,弱小可能产生于强大的力量。矛盾双方本来相互对立,但在一定的条件下,又可能发生相互转化。

> 凡战者,以正合,以奇胜。故善出奇者,无穷如天地,不竭如江河……战势不过奇正,奇正之变,不可胜穷也。奇正相生,如循环之无端,孰能穷之?③

这里,"正"即正兵,指正面对抗的兵力;"奇"即奇兵,指机动灵活的兵力。依孙武之见,在与敌人作战时,必须用正兵对阵,用奇兵

---

① 《孙子·九变》。
② 《孙子·势》。
③ 《孙子·势》。

制胜。善于用兵的人,即善于使用奇兵。作战的基本方法,不过奇正两种,奇正的配合运用,却是无法穷尽。奇兵可以变为正兵,正兵可以变为奇兵,奇正相互转化,就像转动圆环,因为无头无尾,谁能穷尽它呢?

孙武进一步论述,军事矛盾的相互转化,主要依靠示形手段,即在行军布阵时制造假象,诱骗敌人,改变敌我力量的对比,促使作战态势的变化,创造于我有利的条件。如利用各种手段,诱使敌人暴露企图,而我方不露任何形迹,这样我军就可以集中,敌人不得不分散。倘若我军集中在一起,敌人分散在十处,我军就能用十倍的兵力,去攻击敌人,形成我众敌寡的优势,这样与我方作战的敌人,就处于不利的境地。善于指挥作战的人,总会利用各种手段,在敌我兵力对比上,保持以众击寡、以强击弱的优势。

在孙子思想体系中,朴素的辩证法与战争指导相结合,呈现出一系列军事谋略。仅从这个意义上说,《孙子》是一部军事著作,更是一部谋略著作。

正如孙武的理想境界,在于一个"全"字;孙武的作战方法,在于一个"争"字;孙武的价值取向,在于一个"利"字,孙子思想的核心,就在于一个"谋"字。《孙子》以"计"开篇,就说明了这个道理。唐代杜牧注《孙子》,明确地指出:"先王之道,以仁为首;兵家者流,用智为先。"就战争指导而言,谋略有不可替代的作用,每一位将帅指导战争,都要掌握和运用谋略。

> 兵者,诡道也。故能而示之不能,用而示之不用,近而示之远,远而示之近,利而诱之,乱而取之,实而备之,强而避之,怒而挠之,卑而骄之,佚而劳之,亲而离之,攻其无备,出其不意。此兵家之胜,不可先传也。①

---

① 《孙子·计》。

所谓"诡道",指诡谲狡诈的手段,用以欺骗、迷惑和战胜敌人。能进攻要装作不进攻,想打仗要装作不打仗,在近处行动要指向远处,朝远处行动要指向近处。敌人贪利,就用小利引诱它;敌人混乱,就乘机战胜它;敌人力量充实,就注意防备它;敌人力量强大,就暂时避开它;敌方将领容易动怒,要设法刺激他,使其轻举妄动;敌方将领行为谨慎,要设法骄纵他,使其丧失警惕。敌人休整良好,就多方骚扰它;敌人内部团结,就用计离间它。在敌人没有准备的状态下实施攻击,在敌人意想不到的情况下采取行动。这些兵家取胜的秘诀,都无法用语言说清楚。

本来在春秋以前,敌对双方进行战争,要遵守一定的规则,被通称为"军礼"。随着周王室的衰落,诸侯大国的兴起,争霸活动愈演愈烈。因为对战争指导的束缚,军礼逐渐遭到废弃,被非礼行为所代替。在宋楚泓之战中,宋襄公的具体表现,堪称"军礼"的终结[1]。正是适应这一转变,孙武明确地提出:"兵以诈立,以利动,以分合为变者也。"[2]这一响亮的论点,打破了"仁义之兵"的局限,在战争指导问题上,具有划时代的意义。

五 《孙子》的研究

在中国军事学史上,有关《孙子》的研究,形成一种专门学问,

---

[1] 鲁僖公二十二年(前638),宋楚两国在泓(今河南柘城)交战,宋襄公指挥作战,坚持"君子不重伤,不禽二毛"、"不以阻隘"、"不鼓不成列"的原则,结果被楚军打败。这种符合"军礼"的行为,被称为"蠢猪式的打法",受到严厉的指责。不过,据《公羊传》解释,对于宋襄公的行为,孔丘持肯定的态度,"故君子大其不鼓不成列,临大事而不忘大礼,有君而无臣,以为虽文王之战,亦不过此也"。

[2] 《孙子·军争》。

可以称作孙子学①。这门学问的发展,大体经历了五个时期:战国至东汉末期,是孙子学的发轫期;汉末至北宋后期,是孙子学的拓展期;北宋后期至清前期,是孙子学的深化期;晚清民国时期,是孙子学的嬗变期;近 30 年以来,是孙子学的繁荣期。在每一个时期内,人们适应现实社会需要,采取各种研究方法,探讨《孙子》的真谛,取得一系列学术成果,推动着军事学的发展。

(一) 孙子学的发轫

战国秦汉时期,中国历史急剧演进,从天下分裂到皇朝一统,从诸侯分治到君主独裁,从贵族政治到官僚政治,从百家争鸣到独尊儒术,传统军事学日臻成熟。前有吴起、孙膑等人,结合战国历史实际,论及战争性质、战争指导和军队建设诸问题;后有《尉缭子》、《六韬》等著作,综合以往军事理论,兼及先秦诸子学说,补充了孙子思想。在广泛传播的基础上,经过汉代多次文献整理,任宏"论次兵书为四种",《孙子》被列为兵书之首,确立了它的学术地位。

1. 吴起与《孙子》

吴起(? ~前 381),卫国左氏(今山东定陶)人,早年来到鲁国,先是研习儒术,后来改学兵法,曾经担任鲁国将军,打退齐国的侵犯;继而来到魏国,受到魏文侯的重用,指挥对外战争,从秦国夺得西河地区,被任命为西河郡守;再后来到楚国,从宛(今河南南

---

① 关于中国孙子学史的分期问题,近期受到国内学者的关注,产生了一些学术成果。如于汝波主编的《孙子兵法研究史》把它分为 10 个阶段:远古至春秋、战国、秦汉、魏晋南北朝、隋唐五代、宋元、明代、清代、中华民国、中华人民共和国;赵海军的《孙子学通论》把它分为 6 个阶段:战国至两汉、三国至隋唐、两宋、明、清至民国、当代。这两种分期的立论基础,是依照历代政权的演进序列,结合孙子学的实际情形,因而都能够自圆其说,具有一定的参考价值。

阳)守起家,一直升任令尹,辅佐楚悼王治国,使楚国国势昌盛,威震天下诸侯。所著《吴子兵法》,今存有6篇。

《吴子兵法》,又称《吴子》、《吴起兵法》,记述了吴起与魏文侯、武侯讨论军事问题的言论。吴起总结历史经验,从国家战略的高度,提出"内修文德,外治武备"①,即注重通过教育和引导,强化民众的道德素质,增强国家综合实力,同时加强军队建设,提高国家战备能力。他着眼于战争的起因,区分出五种性质的战争:"义兵"、"强兵"、"刚兵"、"暴兵"和"逆兵",并就每种战争提出相应的对策:"义必以礼服,强必以谦服,刚必以辞服,暴必以诈服,逆必以权服。"②这是孙武未曾谈到的。同时,针对当时的战争特点,吴起提出一系列作战方法,其中有的继承了孙子思想。如《论将》称"凡战之要,必先占其将而察其才",近似孙武"将孰有能"的观点;《料敌》称"用兵必须审敌虚实而趋其危",近似孙武"避实而击虚"的原则;《治兵》称"必死则生,幸生则死",近似孙武"投之亡地然后存;陷之死地然后生"的思想。所以说,《吴子》的成书,是对《孙子》的继承和发展。

在春秋战国史上,吴起作为一位政治家,可以与商鞅媲美;作为一位军事家,通常与孙武并称。《孙子》、《吴子》一向是相提并论,特别受到人们青睐。如尉缭把孙武与齐桓公、吴起相比较,明确地谈到:"有提十万之众,而天下莫当者谁?曰桓公也。有提七万之众,而天下莫当者谁?曰吴起也。有提三万之众,而天下莫当者谁?曰武子也。"③战国后期,"境内皆言兵,藏孙吴之书者,家有之"④。可见此时《孙子》、《吴子》合在一起,已经得到广泛流传。

---

① 《吴子·图国》。
② 《吴子·图国》。
③ 《尉缭子·制谈》。
④ 《韩非子·五蠹》。

当然,与《孙子》相比较,《吴子》有其独到之处。南宋学者高似孙说:"读《吴子》,其说盖与孙武截然其不相侔也。起之书几乎正,武之书一乎奇。起之书尚礼义、明教训,或有得于《司马法》者;武则一切战国驰骋战争也,谋逞诈之行耳。"①罗大经也认为:"《吴子》之正,《孙子》之奇,兵法尽在是矣。《吴子》似《论语》,《孙子》似《孟子》。"②这种"吴正孙奇"的论点,就孙子学研究而言,是一种新颖的见解。

2. 孙膑与《孙子》

孙膑,本名不详,是孙武的后人,生活在战国中期,喜欢研究兵法。据说他与庞涓一起,就学于鬼谷先生,尔后遭受庞涓嫉恨,被处以膑刑,因而得名为膑。齐威王在位时,他担任齐国的军师,参与指挥桂陵、马陵两次战役,创造出"围魏救赵"、"减灶诱敌"的成功范例。所著《孙膑兵法》,今有汉简残本。

《孙膑兵法》,又称《齐孙子》,是一部继承孙子思想、又有创新的军事著作。在战争观方面,孙膑宣扬"战胜而强立"的观点,但反对穷兵黩武。在战争指导方面,他强调"以寡击众,以弱胜强";认为弱能变强,寡能变众,关键在于"善翦断之"③;认为赏罚、权势、谋诈等手段,都不是最重要的方法,最重要的方法是"必攻不守"④。在军队建设方面,他重视选拔将帅和士卒,以强化将帅和士卒的素质,提高军队的战斗力。他还着眼于形名关系,对一系列军事矛盾概念,如"积疏"、"盈虚"、"奇正"等,作出了辩证的解释。孙膑通过较全面的阐述,构筑起较完整的理论体系。

在这一理论体系里,许多重要的论断直接来源于《孙子》。如

---

① 高似孙:《子略》卷3《吴子》。
② 罗大经:《鹤林玉露》甲编卷2。
③ 《孙膑兵法·客主人分》。
④ 《孙膑兵法·威王问》。

《见威王》说:"兵者不可不察。"《威王问》说:"攻其无备,出其不意";"料敌计险,必察远近。"《篡卒》说:"兵之胜在于篡卒,其勇在于制,其巧在于势。其利在于信。""恒胜有五:得主专制胜,知道胜,得众胜,左右和胜,量敌计险胜。"《八阵》说:"夫安万乘国、广万乘王、全万乘之民命者,唯知道。"《客主人分》说:"能分人之兵,能按人之兵,则锱铢而有余;不能分人之兵,不能按人之兵,则数倍而不足。"《善者》说:"善者制险量阻,敦三军,利屈伸,敌人众能使寡,积粮盈军能使饥,安处不动能使劳,得天下能使离,三军和能使柴。"《奇正》说:"战者,以形相胜者也。形莫不可以胜,而莫知其所以胜之形。形胜之变,与天地相敝而不穷。"所有这些观点,较之《孙子》的相关论述,确实是一脉相承。

实际上,早在战国后期,人们探讨孙膑军事思想,就把它与孙子思想合在一起,统称为"孙氏之道",如称"明之吴越,言之于齐,曰知孙氏之道者,必合于天地"①。所谓"明之吴越",即就孙武而言;"言之于齐",则是指孙膑。这说明孙武、孙膑两人的军事思想具有很强的连续性,在吴、越、齐三国造成很大的影响。在后世孙子学人看来,孙膑从事军事学研究,具有家族传统的特征。

3. 尉缭与《孙子》

尉缭,魏国大梁(今河南开封)人,生活于战国后期,秦王嬴政十年(前237),来秦国进行游说,被嬴政擢为国尉,参与筹划军事行动,帮助秦国统一天下。所著《尉缭子》,今存有24篇。

《尉缭子》24篇,包括三部分内容,分别论述战争和政治、经济的关系,讨论攻城、交战、守城等作战原则和方法,记述有关军事活动的各种条令。从军事思想角度看,它具有较强的兼容性,一方面继承先秦兵家的思想,一方面吸收战国法家的观点,成为学术整合

---

① 《孙膑兵法·陈忌问垒》。

的产物。其中不少观点的提出，都受着《孙子》的启发。如《天官》称"天官时日，不若人事也"；《战威》称"凡兵有以道胜，有以威胜，有以力胜"；"气实则斗，气夺则走"；《攻权》称"战不必胜，不可以言战；攻不必拔，不可以言攻"；《战权》称"高之以廊庙之论，重之以受命之论，锐之以逾垠之论，则敌国可不战而服"。诸如此类论断，与孙子思想相比较，可以说是相当一致的。

与《尉缭子》成书同时，《六韬》总括先秦兵学成就，也融会了孙子思想。如《武韬·发启》称"全胜不斗，大兵无创"，与孙武的战争理念相同；《文伐》称"文伐有十二节"，与孙武的"诡道"相当；《龙韬·论将》称"将有五材十过"，与孙武的将论相近；《犬韬·分兵》称"用兵之法，三军之众必有分合之变"，与孙武的战争指导原则相一致；《战车》称"车之死地有十，其生地有八"，与孙武"九地"的论述相似。这表明《六韬》的成书，与《孙子》也有密切关系。

此外，在先秦诸子中间，还有一些著作援引、阐述过《孙子》。《商君书·战法》说："兵大律在谨，论敌察众，则胜负可先知也。"《荀子·议兵》记述临武君说："善用兵者，感忽悠暗，莫知其所从出，孙吴用之，无敌于天下。"《鹖冠子·武灵王》记述赵武灵王说："寡人闻飞语流传曰：百战而胜，非善之善者也；不战而胜，善之善者也。"庞焕回答说："太上用计谋，其次因人事，其下战克。"《文子·上仁》说："王兵先胜而后战，败兵先战而后求胜。"《鬼谷子·损兑》说："善损兑者，譬若决水于千仞之堤，转圆石于万仞之谿。"这些论述都出自《孙子》，足见孙子思想的影响。

4. 司马迁为孙武立传

在中国孙子学史上，最早为孙武立传的人，是汉代史学家司马迁。

司马迁，字子长，西汉左冯翊夏阳（今陕西韩城）人。他出生于官僚家庭，历任太史令、中书令职务，具有宽广的胸襟、开阔的视野,以"究天人之际,通古今之变,成一家之言"为己任①,运用本纪、表、书、世家、列传五种体裁,编撰出《史记》。这是中国第一部纪传体通史,其中专为孙武、孙膑和吴起写有一篇合传。

《孙子列传》406个字,主要记述了吴宫教战的事迹,乍看好像讲故事,其实与别的传记一样,都是有根有据。汉简本《孙子》的出现,应该早于《史记》,其中也有这段叙述,与《孙子列传》相对照,几乎完全相同。何况以司马迁修史的严谨态度,对孙武以前的历史,都能慎重着笔,对孙武的生平事迹,更不会随意编造。所以说,这些简短的传记,对认识孙子其人其书,具有不可或缺的作用。

司马迁不仅了解孙武的生平,而且熟读孙武的著作,能借用《孙子》的观点,来评价军事历史人物。如评论白起说:"白起料敌合变,出奇无穷。"②此即源于《势》、《地形》两篇。评论田单说:"兵以正合,以奇胜,善之者出奇无穷。奇正还相生,如环之无端。夫始如处女,适人开户,后如脱兔,适不及距。其田单之谓邪!"③此即摘自《势》、《九地》两篇。就中国孙子学史而言,司马迁是一位较早的研究者。

值得一提的是,继司马迁之后,赵晔修《吴越春秋》,对孙武的生平也有一些叙述。据该书记载,孙武来到吴国,"辟隐深居,世人莫知其能,胥乃明知鉴辨,知孙子可以折冲销敌,乃一旦与吴王论兵,七荐孙子。"吴王阖闾六年(前509年),楚昭王派公子囊瓦,领兵攻打吴国,阖闾使伍子胥、孙武迎战,并明确指示说:"吾欲乘危入楚都,而破其郢。不得入郢,二子何功?"伍子胥、孙武率军进至豫章(在今湖北武汉),围攻楚军,大获全胜。这些零散的记载,为

---

① 《汉书·司马迁传》。
② 《史记·白起王翦列传》。
③ 《史记·田单列传》。

后人了解孙武提供了宝贵的资料。

5. 任宏整理《孙子》

整个西汉时期，有关军事著作的整理活动有三次：第一次是高祖时张良、韩信"序次兵法"，第二次是武帝时杨仆"捃摭遗逸，纪奏《兵录》"，第三次是成帝时任宏"论次兵书为四种"。这三次活动前后衔接，对于当时保存的军事著作，都做了较系统的整理。《汉书·艺文志》记载：

> 汉兴，张良、韩信序次兵法，凡百八十二家，删取要用，定著三十五家。诸吕用事而盗取之。武帝时，军政杨仆捃摭遗逸，纪奏《兵录》，犹未能备。至于孝成，命任宏论次兵书为四种。

这说明秦统一以后，传统军事学的发展非常繁盛，有大批成果被皇室收藏，历经"焚书"浩劫、楚汉战乱，仍保存着182部著作。张良、韩信"序次兵法"，对每部著作加以序录和编次，进行删削和订正，最后确定为35部。杨仆编辑的《兵录》，作为中国第一部军事文献目录，包括不少文献资料，但受学术条件的局限，仍旧不够完备。所以，到汉成帝、哀帝之际，刘向、刘歆发起文献整理活动，又有任宏整理军事著作。

通过这次整理活动，任宏厘定53部军事著作，把它们分为"权谋"、"形势"、"阴阳"、"技巧"四种。这不仅是一种图书分类，而且是一种学术分类。传统军事学包括这四部分内容："权谋"是战争指导的原则，"形势"是指挥作战的方法，"阴阳"是军事活动的辅助，"技巧"是军事技能的训练。这四部分内容以"权谋"为核心，有机地结合在一起，构成一个完整的学术体系。

根据任宏的解释，"权谋者，以正守国，以奇用兵，先计而后战，兼形势,包阴阳,用技巧者也"①。所谓"以正守国,以奇用兵",与《老子》"以正治国,以奇用兵"的观点,可以说完全一致。"先计而后战"来源于《孙子》。《计篇》列出"五事"、"七计",说明预测战争胜败的方法。至于"兼形势,包阴阳,用技巧",可以清楚地表明:权谋支配"形势"、"阴阳"和"技巧",是战争指导的基本因素,对战争胜败起决定作用。

人们通常说的诸子百家,作为汉代学术评论的产物,其中并不包括兵家,仅包括儒、道、阴阳、法、名、墨、纵横、杂、农、小说等十家。除小说家之外,"诸子十家,其可观者九家而已"②,代表着不同的学术流派。传统军事学作为一门应用学问,凭借完整的学术体系,独立于诸子百家之外,成为一种专门的学问。

总起来说,汉代学术包括六艺、诸子、诗赋、兵书、术数、方技六大门类,军事学自成一大门类。汉代军事学包括"权谋"、"形势"、"阴阳"、"技巧"四部分,有机地构成一个学术体系。在这个学术体系里面,《孙子》被列在首位,成为传统军事学的代表作,这标志着孙子学的形成。

(二) 孙子学的拓展

从东汉末期到北宋后期,与中国传统学术相依傍,孙子学得到较大的拓展。《孙子》的学术地位,被提升到空前的高度,从张子尚将其题作"兵经",到北宋朝廷列入《武经七书》,成为名副其实的兵学圣典。《孙子》的文献研究,涌现出一大批成果,仅流传下来的著述,就有曹操、孟氏、李筌、贾林、杜佑、杜牧、陈皞、何延锡、王皙、梅尧臣、张预等人的注本,都有较高的学术价值。特别是把

---

① 《汉书·艺文志》。
② 《汉书·艺文志》。

《孙子》作为武学教育、武举考试的核心内容,对孙子学的进一步发展,起到了重要的作用。

1. 曹操的《孙子略解》

汉代学术的主流是儒家经学,经学的基本方法是分章解句。从东汉末期开始,一些学者运用注释形式,研究传统军事著作,冲破了经学的藩篱。其中,许慎注释《六韬》①,曹操、沈友等人注释《孙子》,贾诩注释《吴子》,可谓别开生面。遗憾的是,这些富于创见的成果,大都没能流传下来,只有曹操的《孙子略解》一直保存至今。

曹操(155~220),字孟德,沛国谯(今安徽亳州)人。他少时机警多谋,任侠放荡,成年博览群书,熟悉古文经学,特别爱好兵法,被称为"治世之能臣,乱世之奸雄"②。他在南北征战之余,非常重视军事研究,著有《孙子略解》、《兵书接要》、《续孙子兵法》等。

《孙子略解》的撰写,是以《孙子》十三篇为底本,简要地加以注释。为什么要做注释呢?曹操自我介绍说:

> 操闻上古有弧矢之利,《论语》曰"足食足兵",《尚书》"八政曰师",《易》曰"师贞丈人吉",《诗》曰"王赫斯怒,爰征其旅"。黄帝、汤、武咸用干戈以济世也。《司马法》曰"人故杀人,杀之可也"。恃武者灭,恃文者亡,夫差、偃王是也。圣人之用兵,戢而时动,不得已而用之。吾观兵书战策多矣,孙武所著深矣,审计重举,明画深图,不可相诬。而但世人未之深

---

① 在中国军事学史上,最早运用注释形式,研究传统军事著作,应当首推许慎。许慎为《六韬》作注外,还注释过《淮南子·兵略训》。据清代陶方琦考证,今本《淮南子》的《缪称》、《齐俗》、《道应》、《诠言》、《兵略》、《人间》、《泰族》、《要略》等8篇,都是许慎作注,其余13篇为高诱注释。

② 《三国志·魏书·武帝纪》注引《异同杂语》。

亮训说,况文烦富,行于世者失其旨要,故撰为《略解》焉。①这里包括三层含义:(1)曹操的学术基础,主要依托于汉代经学,以《诗》、《书》、《易经》、《论语》为根本,以黄帝、商汤、周武王为圣人,完全符合儒学传统;(2)继承传统军事思想,曹操认同战争的合理性,懂得战争的危害性,比较讲究谋略制胜;(3)曹操注释《孙子》,是因为推崇《孙子》,看到前人的研究不够完备,有失孙武的著述旨趣。

曹操注释《孙子》,在每一篇的开头,以内容提要的形式,对篇名作出解释,揭示每篇的中心思想。如解释《计》说:"计者,选将、量敌、度地、料卒、远近、险易,计于庙堂也。"解释《用间》说:"战者必用间谍,以知敌之情实也。"从注释的旨趣看,大抵包括四种方式:字句注释、文献引证、版本校对和实例佐证。字句注释即解释文字、语句的涵义,是《略解》的主要内容,文献引证是援引别的文献来做注释,版本校对是对照不同的版本来说明字句差异,实例佐证是列举战例来证明某个论点。

曹操注释《孙子》,能根据自身的战争经验,提出一些独到的看法。如论将帅的素质,则说"将宜五德备",即应具备智、信、仁、勇、严等五种素质。论"奇正"的涵义,则说"先出合战为正,后出为奇";又说:"正者当敌,奇兵从傍击不备也。"论法令的严肃性,则说"设而不犯,犯而必诛"。论作战指挥的灵活性,则说:"势盛必衰,形露必败,故能因敌变化,取胜若神。"论作战指挥的主动性,则说"宁致人,无致于人"。这些战争指导思想,曹操应有很深的体会,并被运用于战争实践。

《孙子略解》的问世,是孙子学的一个里程碑。尽管李筌"以

---

① 《曹操集》卷3《孙子序》。

魏武所解多误",陈皞"以曹公注隐微"①,杜牧认为"其所为注解,十不释一"②,但他们都在《略解》的基础上,重新加以注释。从研究模式来看,《略解》展示的成就,对孙子学的发展具有发凡起例的意义,确实功不可没。

2. 李靖论《孙子》

两晋南北朝时期,因为阶级矛盾、民族矛盾和统治阶级内部矛盾的尖锐和复杂,整个社会动荡不安,战争连绵不断。照理说这会促使人们关心军事问题,有助于军事学的发展,但事实恰恰相反,在长达300年间,孙子学完全陷入低谷,没有多大进展③。直到唐朝初期,随着李靖的闪亮登场,孙子学才得以恢复。

李靖(571~649),字药师,京兆三原(今陕西三原)人,出生于官僚世家。他文武兼备,熟悉孙吴兵法,曾经在隋朝为官,继而追随唐太宗,成为一名高级将领,率军攻打后梁,安抚岭南,进取江淮,出征突厥,平定吐谷浑,每每建功立业,表现出卓越的军事才能,一时无与伦比。他著有《卫公兵法》④、《六军镜》、《阴符机》等,后来全都散佚,现在能读到的著作,仅有《唐李问对》。

《唐李问对》,又称《李卫公问对》,是一部以问答体编撰的军事著作,辑录唐太宗、李靖讨论军事问题的言论。李靖作为对答的

---

① 晁公武:《郡斋读书志》卷3《兵家类》。
② 杜牧:《樊川文集》卷10《注孙子序》。
③ 两晋南北朝时期,孙子学较有成就者,仅有孟氏《孙子解诂》。其人之名和生平不详。《隋书·经籍志》称"梁有《孙子兵法》二卷,孟氏解诂";新、旧《唐书》和《通志·艺文略》均作孟氏解《孙子》二卷。在《十一家注孙子》里,孟氏注有68条,是篇幅最少的一家。与诸家注相比较,孟氏注侧重于文字训诂,立足于因义释文,确有一定的长处。
④ 《卫公兵法》,又称《李靖兵法》、《大唐卫公李靖兵法》,久佚。杜佑编修《通典》,录有部分内容,并称:"《卫公兵法》,悉出《孙子》。"清代汪宗沂有辑本。

一方,主要从"奇正"、"虚实"、"主客"、"攻守"等矛盾范畴入手,揭示了一系列战争指导原则,强调兵法"千章万句,不出乎致人而不致于人"①;同时对各种阵法、历代兵制、军事学术等问题,也提出了不少独到的见解。

关于"奇正",李靖认为"凡兵以前向为正,后却为奇";"大众所合为正,将所自出为奇"②。怎样处理奇正关系,是区分将帅的标准。只懂得用正兵,不懂得用奇兵,是墨守成规的将帅;只懂得用奇兵,不懂得用正兵,是轻率鲁莽的将帅;既懂得用正兵,又懂得用奇兵,才是国家的栋梁。将帅指挥作战,究竟是用奇兵,还是用正兵,全在于个人决断。"善用兵者,无不正,无不奇,使敌莫测。故正亦胜,奇亦胜。三军之士,止知其胜,莫知其所以胜。"③懂得奇正的变化,才能取得胜利。

关于"攻守",李靖认为两种作战形式不可任意偏废,"攻是守之机,守是攻之策,同归乎胜而已"④。只知道进攻而不知道防御,或者只知道防御而不知道进攻,都不符合战争指导的要求。将帅指挥作战,既要懂得"变客为主",又要懂得"变主为客"。孙武所谓"因粮于敌",是就我方而言,变进攻为防御;所谓"饱能饥之,佚能劳之",是就敌方而言,变防御为进攻。指挥作战的奥妙,不在乎进攻防御,不在乎缓战速决,只要指挥得当,就能取得胜利。

关于传统军事学,李靖认为兵法起于黄帝,经过太公的阐发,成为一种专门学问。"张良所学,太公《六韬》、《三略》是也;韩信所学,穰苴、孙武是也,然大体不出三门四种而已。"⑤这说明传统

---

① 《唐李问对》卷上。
② 《唐李问对》卷上。
③ 《唐李问对》卷上。
④ 《唐李问对》卷下。
⑤ 《唐李问对》卷上。

军事学有两个流派:一派出自太公,为张良所传承;一派出自司马穰苴和孙武,为韩信所传承。至于论及《孙子》,李靖的评价是:"《孙子》之法,万代不刊。""千章万句,不出乎'致人而不致于人'而已。"①"致人而不致于人"的关键,在于"多方以误之"。这些评论简洁精到,都能切中要害。

此外,针对《孙子》的观点,李靖以个人的认识,提出了新的见解。如孙武预测战争胜败,有"五事"之说,李靖把它分为"道"、"天地"、"将法"三等,认为"夫道之说,至精至微,《易》所谓聪明睿智神武而不杀者是也;夫天之说阴阳,地之说险易,善用兵者能以阴夺阳,以险攻易,孟子所谓天时地利者是也;夫将法之说,在乎任人利器,《三略》所谓得士者昌,管仲所谓器必坚利者是也"②。诸如此类的新解,有助于孙子学的发掘。

北宋后期,经王震、朱服等人校正,《唐李问对》颁行于世,成为一部兵学经典。李靖的军事思想,在宋代学者中间,引起很大的反响。如陈亮称赞李靖为天下奇才、"谈兵之雄"③。黄震认为"兵家之立言,无出于孙武,而兵家之讲明,亦无过于李靖矣"④。戴少望更称"《问对》之书,兴废得失,事宜情实,兵家术法,灿然毕举,皆可垂范将来"⑤。就孙子学研究而言,对于《问对》的阐释,不能不加以重视。

3. 杜牧注《孙子》

唐朝历史的演进,因为安史之乱出现逆转,连绵不绝的战争风云,促使朝野关注军事问题,传统军事学多有建树。在孙子学研究

---

① 《唐李问对》卷中。
② 《唐李问对》卷下。
③ 陈亮:《酌古论·诸葛孔明》。
④ 黄震:《黄氏日钞》卷58。
⑤ 郑瑷:《井观琐言》卷2,丛书集成本。

领域,李筌、杜佑、杜牧、陈皞、贾林等人注释《孙子》,都有一定的学术价值,其中杜牧的成就最大。

杜牧(803～853),字牧之,京兆万年(今陕西西安)人。他早年擅长诗文,既得进士及第,复举贤良方正,步入仕途,历任弘文馆校书郎、淮南节度推官、监察御史、左补阙、史馆修撰、吏部员外郎、知制诰、中书舍人等职。他针对晚唐乱局,写有《罪言》、《原十六卫》、《战论》、《守论》诸文,筹划军事方略,但比较起来,更是偏爱《孙子》,并为它作注释。

杜牧注释《孙子》,出于关注军事问题,高度赞赏《孙子》。他自称弱冠后,读《诗》、《书》、《左传》、《国语》和历代史籍,从中认识到国家的兴亡,都与战争密切相关;在所有国家事务中,军事是头等大事,因而注意搜求兵书,并得到10多种,经过阅读和比较,觉得《孙子》最有价值:"自武死后凡千岁,将兵者有成者,有败者,勘其事迹,皆与武所著书一一相抵当,犹印圈模刻,一不差跌。"①这样评价《孙子》,真是推崇备至。

杜牧注释《孙子》,以曹操注为基础,又能自抒己见。他曾自撰墓铭,其中谈到:"某平生好读书,为文亦不出人。曹公曰:'吾读兵书战策多矣,孙武深矣!'因注其书十三篇,乃曰上穷天时,下极人事,无以加也,后当有知之者。"②似乎平生所为,深感自慰的事情,只有注释《孙子》。而他自称"上穷天时,下极人事",又是何等自信。

所谓"天时",是战争胜败的重要条件,孙武解为"阴阳、寒暑、时制"。杜牧就这个问题,用1500字的篇幅写成一篇注文,俯瞰天人,纵论古今,内容相当丰富。首先对"阴阳"做出解释:"阴阳者,

---

① 杜牧:《樊川文集》卷10《注孙子序》。
② 杜牧:《樊川文集》卷10《自撰墓铭》。

五行、刑德、向背之类是也。"继而说："巫咸、甘氏、石氏、唐蒙、史墨、梓慎、裨灶之徒，皆有著述，咸称秘奥，察其指归，皆本人事。"再从历史上看，吴越争霸、秦汉交替之际，都曾有岁星出现，结果或有福德，或有灾祥，全在于人事；周武王伐纣、刘裕伐南燕、北魏道武帝伐后燕、北魏太武帝伐夏时，都曾违背"阴阳"之理，同样取得胜利，可见"刑德"、"向背"之说，确实不足凭信。最后，他还用设问的形式，就孙武关注"阴阳"的旨趣，解释说："夫暴君昏主，或为一宝一马，则必残人逞志，非以天道鬼神，谁能制止？故孙子叙之，盖有深旨。"这就从正反两方面，揭示了"阴阳"思想的本质。

所谓"人事"，作为战争胜败的根本因素，主要指将帅指导战争的谋略。杜牧熟悉春秋战国以来的历史，尤其是历代军事人物的事迹，在注释《孙子》时，对所需要的历史资料，往往能信手拈来，运用得恰如其分。如注释"诡道十三变"，他分别援引伍员、李牧、冒顿、韩信、陈平、曹操、刘裕等人的谋略；注释"上兵伐谋，其次伐交"，他先后列举晏婴、士会、张仪、随何、曹操、高洋等人的事迹。尤其是从宏观角度，评论孙武的基本思想，杜牧认为"武之所论，大约用仁义，使机权也"①，自是千古不刊之论。

无论在篇幅上，还是在质量上，杜牧注释《孙子》都有长处。宋代欧阳修称赞说：杜牧"慨然最喜论兵，欲试而不得者，其学能道春秋战国时事，甚博而详"②。清代李慈铭也说："《孙子十一家注》，曹公、李筌以外，杜牧最优，征引古事，亦多切要，知樊川真用世之才，其《罪言》、《原十六卫》等篇，不虚作也。"③从孙子学的角度看，把杜牧和曹操相提并论，确有充足的理由。

---

① 杜牧：《樊川文集》卷10《注孙子序》。
② 欧阳修：《欧阳文忠公集》卷42《孙子后序》。
③ 李慈铭：《越缦堂日记》同治壬申年五月十一日。

4. 张预注《孙子》

从五代到北宋后期,为《孙子》作注的学者,又有何延锡、王皙、梅尧臣、张预等人。何延锡注释《孙子》,应在五代时期,《十家孙子会注》但称"何氏"而不录其名。王皙注释《孙子》,当在宋仁宗时期,能以古本作底本,长于文字校勘。梅尧臣注释《孙子》,受到欧阳修的称赞,认为"当与三家并传,而后世取其说者,往往于吾圣俞多焉"①。但从总体水平看,他们所作的注释,都很难超越前人,这一时期较有成就的孙子学者,应该是张预。

张预,字公立,生平事迹不详,生活在北宋后期,著有两部作品:《百将传》和《孙子注》②。张预注释《孙子》,与以往诸家相比较,所注篇幅最多,共有 530 条③。在注释形式上,包括篇章题解、文句训释、义理阐发、文献征引和实例佐证,涵盖了文献研究诸层面。

张预注释《孙子》,注意揭示《孙子》各篇的旨趣,说明彼此之间的联系。如在前 7 篇题解分别谈到:"用兵之道,以计为首。""计算已定,然后完车马,利器械,运粮草,约费用,以作战备,故次《计》。""计议已定,战具已集,然后可以智谋攻,故次《作战》。""形因攻守而显,故次《谋攻》。""兵势已成,然后任势以取胜,故次《形》。""《形篇》言攻守,《势篇》说奇正。善用兵者,先知攻守两齐之法,然后知奇正;先知奇正相变之术,然后知虚实。盖奇正自攻守而用,虚实由奇正而见。故次《势》。""以军争为名者,谓两军相对而争利也。先知彼我之虚实,然后能与人争胜,故次《虚

---

① 欧阳修:《欧阳文忠公集》卷 42《孙子后序》。
② 张预:《百将传》,全称《十七史百将传》,是张预从《史记》、《汉书》以下 17 部正史里面,选取 100 位著名将领,编辑而成的一部军事人物传记。
③ 参见于汝波主编:《孙子学文献提要》第 33 页,军事科学出版社,1994 年。

实》。"在以往同类文字中,这是最完整的题解。

张预注释《孙子》,重视对本义的注解,并把相关的文句,前后连在一起,作进一步的阐发。如《计》称"五事",注谓"凡举兵伐罪,庙堂之上,先察恩信之厚薄,后度天时之顺逆,次审地形之险易,三者以熟,然后命将征之。兵既出境,则法令一从于将"。《势》论"四法",注谓"夫合军聚众,先定分数;分数明,然后习形名;形名正,然后分奇正;奇正审,然后虚实可见矣"。经过这样的阐释,"五事"、"四法"的次序,就显得十分清楚。

张预注释《孙子》,立足于史论结合,一方面援引大批文献,作为有些论断的旁证,其中包括儒学经典,如《易经》、《诗经》、《尚书》等;还有历史文献,如《左传》、《史记》、《汉书》等;更有兵学著作,如《吴子》、《司马法》、《尉缭子》、《六韬》、《三略》、《便宜十六策》、《唐李问对》、《太白阴经》。另一方面,他又征引大量战例,对于一些重要观点加以具体的佐证。如《计》称"诡道",注谓"用兵虽本于仁义,然其取胜必在诡诈。故曳柴扬尘,栾枝之谲也;万弩齐发,孙膑之奇也;千牛俱奔,田单之权也;囊沙壅水,淮阴之诈也。此皆用诡道而制胜也"。另引李牧败匈奴,证明"能而示之不能";引班超击莎车、赵奢破秦军,证明"用而示之不用";引越王勾践伐吴,证明"近而示之远";引韩信攻魏,证明"远而示之近";引楚武王伐绞,证明"利而诱之";引巫臣教吴疲楚,证明"佚而劳之"。诸如此类事例,用来注释《孙子》,可谓贴切精当。

在注释《孙子》时,总有一些文句引发不同的解释。针对这类问题,张预先提出个人见解,再列出别的说法。如《谋攻》称"上兵伐谋",注谓"敌始发谋我,从而攻之,彼必丧计而屈服,若晏子之沮范昭是也;或曰伐谋者,用谋以伐人也,言以奇策秘算,取胜于不战,兵之上也"。《九变》称"役诸侯者以业",注谓"以事劳之,使不得休;或曰压之以富强之业,则可役使"。《九地》称"敌人开阖,必亟入之",注谓"敌有间来,当急受之;或曰敌人或开或阖,出入无常,进退未决,则宜速乘之"。这样做的长处,是给人们认识《孙子》,留有思考的余地。

值得关注的是,张预编撰《百将传》,对每一位军事人物,"传取数事,先以《孙子兵法》题其后,次以行事合之,参校其得失"①,即把《孙子》作为评议军事人物的依据,在每篇传记的结尾,摆出《孙子》的观点,对照传主的事迹,提出简要的评论。这种形式的著述,从一个侧面来说,也是解说《孙子》。

5.《武经七书》的刊行

"武经"一词,见诸文献较迟,或许在晚唐时期。白居易撰文称:"早练武经,果从军职。"②杜牧作诗说:"周孔传文教,萧曹授武经。"③到了北宋中期,仁宗重视军事问题,亲自选录历代兵书、战策和战例,编撰出《神武秘略》,颁赐给边疆重臣;又诏令曾公亮、丁度等人,编撰出《武经总要》。后者包括"制度"、"边防"、"故事"、"占候"四部分内容,并由仁宗作序,正式刊行于世。在中国军事学史上,这是最早以"武经"命名的著作。

北宋神宗时期,因为朝廷开办武学,加上武举考试的需要,编纂统一的军事教材,被提上议事日程。熙宁八年(1075),神宗诏令枢密院组织整理军事著作,编纂《武经七书》,由枢密院检详官王震、国子监司业朱服和武学博士何去非具体负责。元丰六年(1083),朱服奏称:"承诏校定《孙子》、《吴子》、《司马法》、《卫公问对》、《尉缭子》、《三略》、《六韬》。诸家所注《孙子》,互有得失,

---

① 张预:《百将传序》。
② 白居易:《白居易集》卷54《除王伾检校户部尚书充灵盐节度使制》。
③ 这首诗题为《分司东都寓居履道叨承川尹刘侍郎大夫恩知上四十韵》,或说是许浑所作,见《校编全唐诗》第2738页,湖北人民出版社,2001年。

未能去取;它书虽有注解,浅陋无足采者。臣谓宜去注,行本书,以待学者之自得。"神宗下诏:"《孙子》止用魏武帝注,余不用注。"①从此以后,《武经七书》开始刊行于世。

《武经七书》的编次,根据朱服本人的校定,依次是《孙子》、《吴子》、《司马法》、《唐李问对》、《尉缭子》、《三略》、《六韬》。现存最早的宋抄本②,即依照这个次序编排。但到南宋前期,这个次序有所改变,孝宗时刊行《武经七书》,编排次序被改成《孙子》、《吴子》、《司马法》、《六韬》、《尉缭子》、《三略》、《唐李问对》③。现存最早的宋刊本,即孝宗、光宗期间的刊本④,就把《六韬》放在《孙子》前面,编排次序为《六韬》、《孙子》、《吴子》、《司马法》、《唐李问对》、《尉缭子》、《黄石公三略》。这大概是接受传统的观点,把《六韬》视为姜尚所作,成书早于《孙子》所致。

《武经七书》的刊行,就中国军事学史而言,是一个阶段性的总结。在军事教育方面,给宋朝廷开办武学提供了一套统一的教材;在科举制度方面,为人们参加武举考试的内容划定了基本的范围。因此,在中国孙子学史上,也是一件重大的事件。

(三) 孙子学的深化

北宋后期以降,武举制度的实施,使传统军事学与科举制度结合起来,有利于军事人才的培养和军事知识的普及;武学的设置,使军事教育得到朝廷的支持,成为学校教育的一部分;《武经七书》的刊行,使军事学的正统地位得到学术上的支持,较以往更为稳固。在这种文化环境里,传统军事学超越私家著述,跨入正式教

---

① 李焘:《续资治通鉴长编》元丰六年十一月。
② 《影宋抄本武经七书》,即由朱服校定的刊本。
③ 见陆心源《仪顾堂题跋》卷6。
④ 据许保林《中国兵书通览》,该版本收藏在日本静嘉堂文库。

育行列,官学和私学相结合,取得了一大批成果。其中,吉天保的《十一家注孙子》、施子美的《孙子讲义》、刘寅的《孙子直解》、赵本学的《孙子书校解引类》、李贽的《孙子参同》、邓廷罗的《孙子》、孙星衍的《孙子十家注》,都以较高的学术价值,深化了孙子学研究。

1.《十一家注孙子》

《武经七书》作为一部丛书,把《孙子》放在首位,自然是十分妥切。随着这部丛书的刊行,许多学者对钻研《孙子》表现出高度的热情。就在两宋之际,吉天保收集诸家注释,编成《十一家注孙子》,为人们阅读《孙子》提供了一个新的读本。

《十一家注孙子》,或称《十家孙子会注》,是一部汇总东汉末期到北宋后期孙子学成就的著作。所谓"十一家",依照时代先后次序,是指曹操、孟氏、李筌、贾林、杜佑、杜牧、陈皞、何延锡、王皙、梅尧臣和张预。因为对注家的生活年代没有做必要的考证,吉天保在整理十一家注时,就有注家编排失序的错误。如把孟氏列在唐人之后,把贾林、杜佑列在杜牧之后,把何延锡列在宋人之后,都是不应有的过错。宋刊《十一家注孙子》附录郑友贤《孙子遗说》,《天禄琳琅书目》据此推断:"盖本有十家注,友贤辑且补之,为十一家也。"针对这一推断,近人余嘉锡辩驳说:"自曹操至何氏,实十一家,郑友贤谓之十家者,盖注中引及杜佑,乃《通典》之说,佑本不注《孙子》,去佑不数,则只十家耳。《书目》谓并友贤为十一家者,误也。"[①]经过这样的论述,"十一家"就很清楚了。

对十一家注的得失,明代谈恺通过比较,提出了个人的意见,认为曹操"注多隐辞,引而不发";杜牧"尚古兵柄,本出儒术,援古证今,若绳裁刀解";陈皞"注多指杜之谬误";李筌"注依《太乙遁甲》,杂引诸史以证《太乙遁甲》,与今所存书往往不同";杜佑"诸

---

① 余嘉锡:《四库提要辨证》卷11《子部二》。

即里居时撰,见《通典》";张预"取历代名将用兵制胜有合于《孙子》者,编次为传,于《孙子》多所发明";欧阳修称赞梅尧臣注,"谓其当与三家并传,晦翁有定论矣";孟氏、贾林、王晳、何延锡"虽言人人殊,而皆于观者有所裨益"。① 正因为诸家各有千秋,才被吉天保编在一起。

《十一家注孙子》问世后,郑友贤以此为基础,写成《孙子遗说》,对诸家做出回应。他一方面肯定诸家注释的价值,认为"学兵之徒,非十家之说,亦不能窥武之藩篱,寻流而之源,由径而入户,于武之法,不可谓无功矣"②;另一方面发诸家所未发,认为《孙子》之于兵家,如同《易经》之于儒家;"兵法之传有常,而其用之也有变。常者,法也;变者,势也。书者可以尽常之言,而言不能尽变之意。五事七计者,常法之利也;诡道不可先传者,权势之变也。"③这一论断相当精辟,对后世学人多有启迪。

2. 施子美讲《孙子》

北宋神宗时期,为了加强军队建设,培养军事人才,开始设置武学。武学作为军官学校,主要进行军事理论、军事技能两项教学活动。《武经七书》颁布之后,作为武学的理论教材,通过武学博士讲授,直接运用于课堂教学。于是从教学需要出发,编写《武经七书》讲义,就被提上学术日程。从现存资料来看,这类著作成书较早的,是施子美的《七书讲义》。

施子美,福州怀安(今福建闽侯)人,生活在南宋前期。淳熙十一年(1184)武举及第,曾经担任武学博士,在武学讲授《武经七

---

① 以上见谈恺:《孙子集注序》,四部丛刊本。按所谓"晦翁有定论",指朱熹对梅注的评价:"欧公大段推许梅圣俞所注《孙子》,看得来如何得似杜牧注底好。"见《文献通考》卷221《经籍四十八》。

② 郑友贤:《孙子遗说》。

③ 郑友贤:《孙子遗说》。

书》,因而写成《七书讲义》,备受学人的注目。后来,在江伯虎的支持下①,这部著作得以刊行。

《孙子讲义》11卷,作为《七书讲义》的一个组成部分,以武经《孙子》为底本,逐篇逐段进行讲解。在每一篇名之后,运用题解的形式,说明该篇的旨趣。每一篇分若干段,全书共分191段。对于每一段文字,采取注疏的形式,集注释、讲解于一体,以理论阐发为主。这样的设计,构成了一种讲义体例。

《孙子讲义》的编写,一方面对以往的军事著作,都能加以充分借鉴,另一方面对前人的学术观点,也能加以比较说明,进而提出新的看法。如《计》称"道",曹操注作"导之以教令",杜佑注作"德化",《讲义》谓前解未合本义,后说较为准确。《虚实》称"奇正",《讲义》谓"兵有奇正,正兵受之于君,奇兵将所自出"。这说明施子美讲授《孙子》,有着扎实的功底和独立的见解。

《孙子讲义》的编写,从军事理论教学出发,比较重视串讲大义。如《形》称"修道而保法",讲解说:"道者何?仁义礼信无非道也。法者何?赏罚号令无非法也。道惧其或废,故从而修之;法惧其不存,故从而保之。"《九地》称"始如处女,敌人开户,后如脱兔,敌不及拒",讲解说:"始如处女者,示之以弱,以诱之也;终如脱兔者,胜之以速,而取之也。"这样的讲解,使读者于孙子思想能有较好的把握。

《孙子讲义》的编写,对孙武的军事观点做出高度的概括。如讲解《势》说:"用兵之道四:有法,有令,有机,有势。分数者法也,形名者令也,奇正者机也,虚实者势也。"讲解《军争》说:"兵有本,有用,有术。兵以诈立,其本也;以利动,其用也;以分合为变,其术

---

① 江伯虎,福州永福(今福建永泰)人,淳熙八年武举第一,十一年文科进士,可谓文武双全。

也。"通过这样的概括,再来分析具体观点,就会收到更好的效果。

在中国孙子学史上,施子美从武经之首的角度,注释和讲解《孙子》,给后人提供了一个范式。"观其议论出自胸臆,又引史传为之参证,古人成败之迹、奇正之用,皆得以鉴观焉。"①时人给予高度评价,自有一定的道理。

3. 刘寅解《孙子》

自从施子美之后,以《武经七书》为整体进行注释和疏证,成为一种学术模式,支配着孙子学研究。元代孙子学成果很少,仅有两部著作:潘衍翁的《孙子释文》、张贲的《孙子注》,都在稍后散佚。直到明朝初期,刘寅撰成《武经七书直解》,才使孙子学重振起来。

刘寅,字拱辰,太原府崞县(今山西原平)人,生活在元明之际,洪武四年(1371)进士,开始供职于朝廷,建文元年(1399),写成《武经七书直解》。所谓"直解",即使用明初的语言,作出直白的解释。根据作者的介绍,主要是"讹舛者稽而正之,脱误者订而增之,幽微者彰而显之,傅会者辨而析之"②,包括四种注释形式。

所谓"讹舛者稽而正之",是指利用不同的版本、注本,或者对照相关的典籍,校勘原文的讹误。如《行军》称"兵非贵益多,虽无武进",刘寅依旧本改"虽"作"惟"。《用间》称"因间",刘寅依旧本改做"乡间"。这般文字校勘,表明刘寅为学诚恳,学术功底扎实。

所谓"脱误者订而增之",是指对原文错乱或遗漏之处加以订正和补充。如《九变》简编错乱,又与《军争》、《九地》相纠缠。刘寅认为:"九变者,用兵之变法有九也;九地之变者,遇九地而处之

---

① 江伯虎:《施氏七书讲义序》。
② 《武经七书直解·自序》。

有变法也，两篇主意不同。"①《军争》篇末"故用兵之法，高陵勿向"以下，都是《九变》的脱简；《九变》篇首"圮地无舍，衢地合交，围地则谋，死地则战"四句，则为《九地》的内容，因而参照张贲《孙子注》，对《九变》作出较大的订正："凡用兵之法，将受命于君，合军聚众，高陵勿向，背丘勿逆，佯北勿从，锐卒勿攻，饵兵勿食，归师勿遏，围师必阙，穷寇勿追，绝地无留，此用兵之法也。"经过这样的订补，语意似较前通畅。

所谓"幽微者彰而显之"，是指对本义不够明确之处加以仔细的说明。如在《孙子》篇尾指出："《孙子》首以《始计》，而终以《用间》。盖计者将以校彼我之情，而间者又欲探彼之情也。计定于我，间用于彼；计料其显而易见者，间察其隐而难知者；计所以定胜负于其始，间所以取胜于其终；计易定而间难用。"这就从敌我、始终、显隐、易难等角度，揭示出《始计》、《用间》两篇的内在联系，把《孙子》视为前后呼应、融会贯通的有机整体，具有较高的理论水平。

所谓"傅会者辨而析之"，是指针对旧有的说法，参考前人的论述，加以考辨和分析。如认为《汉书·艺文志》著录《孙子》82篇，《吴起》48篇，"今《孙子》止有十三篇，《吴子》止有六篇，恐是后人删而取之"②。这一观点虽非确论，也可谓一家之言。

刘寅注解《孙子》，一方面恪守儒家思想，认为"仁义忠信，智勇明决，兵之本也；行伍部曲，有节有制，兵之用也；潜谋密运，料敌取胜，兵之机也；一徐一疾，一动一静，一予一夺，一文一武，兵之权也"③，呈现出引儒释兵、弘扬儒学的学术倾向；一方面保持谨慎的

---

① 《武经七书直解·孙子直解·九变》。
② 《武经七书直解·凡例》。
③ 《武经七书直解·自序》。

态度,信则传信,疑则存疑,倘若援引旧说,是则称是,非则说非,大都能持之有故。这使《武经七书直解》具有较强的权威性。

因为上述特点,《武经七书直解》问世后,享有较高的声誉。明代李敏评论说:"其注释详明,引据切当,开卷读之,不待师传而自会其意,诚兵家之宝也。"①何起鸣称赞说:"是书间出幻化,即不尽轨于正义,大较战守攻围、离合奇正,了然指掌矣。"②在成化、嘉靖、万历、崇祯时期,这部著作屡次再版,成为一个通行的读本。

4. 赵本学与孙子研究

赵本学,字虚舟,泉州晋江(今福建晋江)人,生活于明代后期。他一生不求功名,却特别爱好军事学,认为"《孙子》十三篇,实权谋之万变也。数千年来,儒者未尝一开其扃钥,虽有曹操、李筌、杜佑、杜牧、王晳、贾林、张预、郑友贤、张贲、刘寅、郑灵等十五六家之笺,不过粗略训义,苟且引证,加以讹谬相承,渐失古文。迨至于今,凡用兵者无所于法,庸非治乱所关之一大缺典"③,因而重新注解《孙子》,撰成《孙子书校解引类》。

《孙子书校解引类》的编撰,除《孙子》原文外,主要包括三个部分,并做出特殊的编排:"校以订误,分书本文之下;解以训义,下本文一字;引类以证实,又下解一字。"④这样的编次,使得通篇结构合理,眉目清楚,读起来颇感明快。

所谓"校以订误",就是以武经本作底本,参照十一家注本,对原文进行校订。如《作战》称"知兵之将,民之司命",校订说:"一本'民'上有'生'字,非是。"《兵势》称"以本待之",校订说:"一本'本'作'卒'字,非是。"《虚实》称"以吴度之",校订说:"一本'吴'

---

① 李敏:《武经七书直解序》,八千卷楼影明本。
② 何起鸣:《武经七书直解序》,八千卷楼影明本。
③ 《孙子书校解引类·自序》。
④ 《孙子书校解引类·凡例》。

作'吾',非是。"《行军》称"杀马肉食者,军无粮也;悬瓴不返其舍者,穷寇也",校订说:"一本'杀'作'粟',谓以粟喂马也;'悬'上又有'军无'二字。皆非是。"诸如这般校订,较之十一家注本,虽未必更接近原文,但都能言之成理。

通检全书,《孙子书校解引类》所作的校订有50余处,其中最重要的一处,是对"九变"的校订。《九变》谓"凡用兵之法,高陵勿向,背丘勿逆,佯北勿从,锐卒勿攻,饵兵勿食,归师勿遏,围师必阙,穷寇勿迫,绝地无留",与十一家注本出入很大。有关《九变》错简问题,杜牧、张预、刘寅、郑灵诸说纷纭,赵本学赞同刘寅的校订,并作进一步的辨析,认为"将受命于君,合军聚众"九字,是沿袭《军争》的衍文;"圮地无舍,衢地合交,围地则谋,死地则战"四句,是重复《九地》的错简;因而取《军争》篇末"高陵勿向,背丘勿逆"等八句,加上"绝地勿留"一句,作为"九变"的内容。这一校订改动较大,使文理更为通顺,也可以自圆其说。

所谓"解以训义",就是用题解、注解的形式,说明十三篇的旨趣,阐发原文的含义,是全书的核心部分。赵本学总揽全书,对十三篇的旨趣,都作了概括说明。如就《虚实》解说:"兵之有虚实,犹元气之有虚实也。虚者为病,实者为健。如曰怯、曰弱、曰乱、曰饥、曰劳、曰寡、曰不虞,虚也;曰勇、曰强、曰治、曰饱、曰佚、曰众、曰有备,实也。己实彼虚,则病在彼,而健在我,击之可也;己虚彼实,则病在我,而健在彼,避之可也。虚实二字,用兵者以之,因形而制胜;医者以之,视病而投药。故医者之于人,诊其脉,观其色,察其声,问其症;用兵者之于敌,策之,作之,形之,角之。所以然者,皆欲求知其虚实而已。不知虚实而用兵,则当备而反攻之,当攻而反守之,欲其不败,难也……"这不仅揭示每一篇的中心思想,而且沟通十三篇的联系,具有宏观思维的特点。

对于《孙子》原文,赵本学紧扣本义,或作直白的注解,或作深入的解说,都有详细的阐述。如《军形》称"守则不足,攻则有余",注解说:"守则欲其有余,不善守者为敌所误,分兵备守,使人得以窥其虚实;攻则欲其不足,不善攻者聚于一处,无他奇伏,使人得以备御。"《军争》称"以迂为直,以患为利",注解说:"直道有备,不可由于取,由于迂远之途;迂远之途有艰难险阻之患,因敌不疑,而反恃以利。"这样的解说,再来阅读《孙子》,更能使人通畅明白。

所谓"引类以证实",就是在原文解说后,援引战例或故事,对解说加以证明。如在《始计》论及"诡道十二事",其中引用战国李牧、隋代王世充、北宋曹玮的战例,来证明"利而诱之";引用春秋吴公子光的战例,来证明"乱而取之";引用东汉邓禹的战例,来证明"实而备之";引用唐太宗的战例,来证明"怒而挠之";引用匈奴单于冒顿的战例,来证明"卑而骄之"。这种注解形式,具有史论结合的特色,极便于阅读理解。

通过注解《孙子》,赵本学针对传统军事观念,尤其是权谋和仁义的关系,做出深入的辨析。他认为战争既是人类社会的必然产物,又是一种凶险的手段,不能随便地滥用,必须遵守一定的准则。战争指导必须依靠权谋,如果不能运用权谋,就会导致作战失败,给国家造成危害。权谋作为一种手段,在军事领域的运用,"用之合天理,则为仁义;合王法,则为礼乐"①。所以说,权谋与仁义、礼乐并不相矛盾,完全可以统一起来。

值得一提的是,赵本学以谨慎的态度,对待个人学术成果。在《校解引类》、《韬钤内外篇》完稿后,他没有立即付刊,而是"隐括是编,秘藏不露,对人口不谈兵,临终不授其子。盖知用兵之难,不敢轻言,以误毒天下也"②。后来,他收俞大猷为弟子,适才倾囊相

---

① 《孙子书校解引类·自序》。
② 俞大猷:《续武经总要后跋》。

授。俞大猷得到这一真传,逐步精通传统兵法,经过抗倭战争锤炼,最终成为一代名将。

5. 李贽的《孙子参同》

李贽(1527~1602),字卓吾,泉州晋江(今福建晋江)人,是一位个性十足的思想家。他一贯以"异端"自居,反对专制主义,反对道学传统,编撰有《藏书》、《续藏书》、《焚书》、《续焚书》等著作,然而据其自述,"其生平之最属意,著述中之最苦心"者①,却是《孙子参同》。

李贽编撰《孙子参同》,注意揭示十三篇的旨趣,常有独到的眼光。如论《作战》,则说"《始计》之后,便言作战者,言欲行师,须知日费之广、馈粮之难,必先振作士气,速图取胜,不宜持久也";论《谋攻》,则说"唯以全人之国,为攻人之谋,又以伐人之谋,为谋攻之上策,故军、旅、卒、伍无一而不得全也,始谓以全争于天下矣";论《兵势》,则说"势虽神妙,总不过奇正;奇正虽变,总不出虚实"。诸如此类解说,都能提纲挈领,令人一目了然。

李贽编撰《孙子参同》,对《孙子》的观点给予明确的解释,如《作战》称"粮不三载",解释说:"三载者,随粮、继粮、迎粮也,三载而战,国安得不贫于转输乎?是未能胜敌,而先自敝也。"同时,也能沟通诸篇旨趣,对一些重要论断做出宏观的解释,如《形》称"胜可知而不可为",而《虚实》称"胜可为";《作战》称"知兵之将,民之司命",而《虚实》称"能为敌之司命",乍看令人费解,李贽解释说:"盖能为民之司命,是以能先为吾之不可胜;能为敌之司命,是以又能为敌之必可胜也。"②经过这样的解释,就不再有疑问了。

李贽研究《孙子》,综合前人的成说,提出了个人的看法。如

---

① 《孙子参同·凡例》。
② 《孙子参同》卷4《虚实》。

认为"五事"、"七计"是兵家的常法,用于庙算决胜,必须周密细致;"诡道"为兵家的权谋,用于指挥作战,必须随机应变。对战争胜败来说,庙算具有决定意义,诡道则起辅助作用,两者相辅相成。所以,在战争指导方面,李贽一面强调"宁速毋久,宁拙毋巧,但能速胜,虽拙可也"①;一面又说"用兵之道,尽在人事,彼鬼神等,不过诡道奇谋,因以便于使贪使愚"②。这一战争指导思想,颇得孙子的真谛。

针对文武分途的传统,李贽以高度的社会责任感,提出了"文武合一"的主张,认为"天不生仲尼,则斯文之统以坠;天不生尚父,则戡乱之武曷张";甚至大发感慨地说:"吾独恨其不以《七书》,与《六经》合而为一,以教天下万世也。"③这一主张把传统军事学与儒学放在同等地位,加以完全的肯定,对儒家思想或传统教育来说,应是一种强烈的挑战。

6.邓廷罗的《兵镜》

清朝前期,孙子学滞留在科闱之间,涌现出大批应试读物,但缺乏真正的学术精品。其中较有价值的研究成果,应推邓廷罗的《兵镜》。

邓廷罗,字叔奇,号偶樵,江苏江宁(今江苏南京)人。他出身世家大族,早年中拔贡生,康熙时期步入仕途,初赴福建漳州参议军事,历任山东莱阳知县、湖南辰沅、荆南道员,著有《孙子集注》、《兵镜或问》和《兵镜备考》,合称《兵镜》。

《孙子集注》的编撰,大抵"于每篇,序次以见大意;于每节,总括以别源流;于每句,逐字音释,以详训诂"④。如对《始计》、《谋

---

① 《孙子参同》卷2《作战》。
② 《孙子参同》卷5《用间》。
③ 李贽:《孙子参同序》。
④ 《孙子集注·凡例》。

攻》、《作战》三篇,分别解释说:"君谋于国,将谋于君,先着贵乎多算,原《始计》。""计则谋,谋则攻,次《谋攻》。""谋则倾,攻则战,次《作战》。"尽管行文简略,却是观点明确。另有较别致之处,是在每一篇的末尾,以"偶樵氏曰"的形式,提出个人的心得。如《军变》篇尾,就"用兵求变"问题,进一步地指出:"知变不知常,则法无守;知常不知变,则事罔功。"《行军》篇尾,就"与民相得"问题,进一步地提出:"三代以前,兵与民一;三代以后,兵与民二,斯古今治乱之所由分矣。"这一简洁的辨析,从纵向说明兵役制度与社会治乱之间的关系,颇具历史洞察力。

《兵镜或问》就传统军事学提取31种范畴,按照问答的形式,结合典型的事例,分别加以论述。这些范畴包括三类:一是有关战争观问题的,包括王霸、天人、内外、文武、创守等;二是有关战争指导问题的,包括奇正、众寡、虚实、强弱、分合、攻守、进退、主客等;三是有关军队建设问题的,包括用舍、道法、赏罚、恩威等。其中,第二类范畴较多,主要来源于《孙子》。在邓廷罗看来,通过这样的论述,检讨历代战争的成败得失,既能同处求异,又能异处求同,最终形成正确的认识。

《兵镜备考》则从《孙子》摘出199句话,列为题目;在每个题目之下,援引历代帝王将相的成功经验,用作证明;篇尾仍用"偶樵氏曰"的形式,做出进一步的概括。依邓廷罗之见,"救乱如救病,用兵犹用药。善医者因症立方,善兵者因敌设法"①。《孙子》十三篇如同"治病之方",历代帝王将相的成功经验则为"名医之案",只有以"案"证"方",以"案"解"方",才能理解《孙子》的精妙。

综括而言,《孙子集注》侧重于文献整理,《兵镜或问》侧重于理论阐发,《兵镜备考》侧重于事实论证。这三部著作合在一起,

---

① 《孙子集注·凡例》。

就等于从文献整理、理论阐发、事实论证三方面,对《孙子》的文本和思想进行了较系统的探讨,从而构成一个较完整的认识体系,把孙子学引向深入。

7. 孙星衍整理《孙子》

孙星衍(1753~1818),字渊如,江苏阳湖(今江苏武进)人。他早年以诗作得名,被誉为"天下奇才",后考中一甲进士,被授予翰林院编修,又改任刑部主事、山东兖沂曹济道,兼管黄河兵备道、山东督粮道、代理山东布政使等职,曾经主持浙江诂经精舍、南京钟山书院,精通经学、史学、文献学和金石学,旁及诸子百家之说,所著《孙子十家注》,是清代孙子学的代表作。

对于孙武其人,孙星衍以其后裔自居,做过较细致的考证。如论孙武的出身,称"孙子盖陈书之后,陈书见《春秋传》,称孙书。《姓氏书》以为景公赐姓,言非无本"①。论孙武的晚年,称"孙子为吴将兵,以三万破楚二十万,入郢,威齐、晋之功归之子胥,故《春秋传》不载其名,盖功成不受官。《越绝书》称'巫门外大冢,吴王客孙武冢',是其证也"②。这些看法未必确当,却不失为一家之言。

对于《孙子》的成书,孙星衍依据《史记》的记载,认为"是孙武手定,见于吴王"③,是现存最古老的军事著作,并给予高度评价,称"古人学有所受,孙子之学或即出于黄帝,故其书通三才、五行,本之仁义,佐以权谋,其说甚正。古之名将用之则胜,违之则败,称为兵经,比于'六艺',良不愧也"④。同时,鉴于有些学者恪守儒家立场,对《孙子》提出责难,孙星衍加以反驳说:"兵者危机,当用权

---

① 《孙子兵法序》。
② 《孙子兵法序》。
③ 《孙子兵法序》。
④ 《孙子兵法序》。

谋。孔子犹有要盟勿信、微服过宋之时,安得妄责孙子以言之不纯哉?"①

对于《孙子》的整理,孙星衍以道藏《孙子》作底本,参照《通典》、《北堂书钞》、《太平御览》等著作,校订十三篇的文字,如《作战》称"生民之司命",删"生"字;《谋攻》称"其下攻城",改"其下"作"下政";《虚实》称"出其所不趋",改"不"作"必";《九变》称"衢地交合",改"交合"作"合交"。不过,孙星衍对《通典》、《太平御览》的引文,并不是一味盲从,也有否定的判断。如《计》称"少算不胜",《通典》作"少算败",被当作臆改。《虚实》称"因形错胜于众",《太平御览》"错胜"作"作胜",被当作讹误。《火攻》称"此安国全军之道也",《通典》、《太平御览》缺"全军"二字,被当作脱漏。这表明孙星衍利用《通典》、《太平御览》等著作,并不是一味地盲从,能作出一定的鉴别。

孙星衍考订十家注,主要是对十家的编次,依据时代先后次序,作出较准确的厘定:所谓"十家者,一魏武,二梁孟氏,三唐李筌,四杜牧,五陈皡,六贾林,七宋梅圣俞,八王晳,九何延锡,十张预也"②。其次在曹操注后,他又增补杜佑注,如《势》"势如彍弩,节如发机",增补杜佑注:"在度内不远发则中。彍,张也。言形势之彍,如弩之张;奔击之易,如机之发也。故太公曰:'击之如发机,所以破精微也。'"《虚实》称"角之而知有余不足之处",增补杜佑注:"角,量也。角量彼我军马之数,则长短可知也。"这就使得十一家注,尤其是杜佑注更加完备。

经过孙星衍的整理,《孙子》作为一个新的文本,较之以往各种刊本,质量上有不小的提高。本来,《孙子》主要有两种文本:十

---

① 《孙子兵法序》。
② 《孙子兵法序》。

一家注本和武经本。因为《武经七书》被指定为武学教材,武经本备受重视,十一家注本影响不大。等到《孙子十家注》问世,十一家注本声名鹊起,与武经本并传于世,成为孙子研究的基本文献依据。所以,在评价清代孙子学时,就有学者明确指出,"成就最大、流传最广、影响也最大的,要数孙星衍《孙子十家注》"①。

(四) 孙子学的嬗变

自从进入近代,伴随中国社会的转型、近代军队的建设、近代战争的冲击和西方近代军事理论的传播,中国军事学经历了整体嬗变,由传统军事学过渡到近代军事学。在孙子学领域里,人们改变学术模式,总结以往孙子学成就,深化传统课题研究,或者借鉴西方军事理论,援引近代战争史例,重新阐释孙子思想,或者利用翻译形式,介绍国外孙子学成果,涌现出一大批著作。其中,顾福棠的《孙子集解》、蒋方震和刘邦骥的《孙子浅说》、李浴日的《孙子兵法新研究》、陆达节的《孙子考》、杨杰的《孙武子》、钱基博的《孙子章句训义》,具有较高的学术价值。

1. 顾福棠的《孙子集解》

顾福棠,又名成章,字泳植,江苏武进人。他生当晚清衰世,鉴于列强恣意欺侮,致使清朝丧权辱国,特别重视研究军事问题,强调改革军事制度,讲究军事谋略。他认为《孙子》"言约而意博,始于计而终于反间,经之以形势,纬之以火攻,奇权秘算,悉举天下古今之兵说,包括于其中"②,因而选择《孙子》一书,通过总结性的研究,写成《孙子集解》。

《孙子集解》的编撰,以孙星衍《孙子十家注》为底本,仿效颜

---

① 杨炳安:《十一家注孙子校理》第9页,中华书局,1999年。
② 《孙子集解·自序》,光绪庚子刊本。

师古注《汉书》的体例，剪裁各家注文，删除繁芜，保留精粹，间或提出个人见解。如《计》称"将听吾计"，《集解》谓"将者，大将也；吾者，国君自称之辞也"。《作战》称"兵闻拙速"，《集解》谓"此云拙速，盖因'巧'字作对之误也，'拙'字当作'出'字，兵家忌钝兵挫锐，屈力殚货，则出军当速，不可迟缓"。《谋攻》称"小敌之坚，大敌之擒"，《集解》谓"遇小敌当围之攻之，以坚吾用兵之志；遇大敌当逃之避之，以防为敌所擒"。这样的解释，尽管未必精确，却能给人启发。

顾福棠注释《孙子》，能够运用近代军事理论，对孙子的基本观点作出新的解释。如《计》称"阴阳寒暑"，《集解》谓使用洋枪瞄准目标，因为不同的光线会有阴晴差，因为不同的风速会有风力差，因而"今日用枪之法，亦当因阴阳、寒暑以各制其宜也"。《谋攻》称"其次伐兵"，《集解》说："论昔日之事，尚以伐兵为次；论今日之事，则尤以伐兵为先。炮台、铁甲、枪炮、水雷日新月盛，精益求精，非一国所能悉造，亦非一时所能猝办。若非备之于先，而一旦临险危之势，自造则无人无料，购办于局外之国，则或格于公法，不能出售；或又为敌船守其海口，不能往来，势必至有备者猛厉无前，无备者血肉相抵矣。"这样的注解，依照古法推出新意，更能贴近现实。

顾福棠注释《孙子》，比较重视近期世界上发生的战争，从拿破仑战争到普法战争，从美国独立战争到南北战争，从太平天国革命到捻军起义，从中找出大量的战例，用以佐证《孙子》的观点。如《谋攻》称"其次伐交"，《集解》援引普鲁士首相俾斯麦公布与法国所签的密约来说明；《军争》称"以佚待劳，以饱待饥"，《集解》援引俄罗斯抗击拿破仑的莫斯科的战例来说明；《火攻》称"火队"，《集解》援引曾国荃攻陷金陵的战例来说明。这样的引证，全书多达数十例，令人耳目一新。

顾福棠注释《孙子》，能够综合前人成果，针对一些重要问题，提出不同的见解。如《形》称"地生度，度生量，量生数，数生称，称生胜"，《集解》认为"诸家之注均为得其旨也"。"地"指战场，"度"为丈尺的统称，"量"指测量，"数"为算法的统称，"称"指权衡轻重，"此五者皆实事求是之算法也"。《虚实》称"守其所不攻"，以往学者解为不攻，或者解为必攻，《集解》说："料敌所必攻我者，我先固守而待之，是守在未攻以前。云不攻者，未攻之谓也。"这样的见解，虽不敢说绝对正确，却有一定的道理。

在中国军事学史上，顾福棠最先把《孙子》与近代军事学相结合，与世界军事史相结合，对近代孙子学的嬗变，无疑有重大的影响。因此，恽祖翼评论《孙子集解》，称"尤能寻原竟委，阐发其微，集诸家之大成，择要删繁，融会经旨，此非特《孙子》一书之功臣，实千古用兵之龟鉴也"①。

2.蒋方震与《孙子》

蒋方震（1882～1938），字百里，浙江海宁人。日本陆军士官学校毕业，后转往德国学习军事，历任清廷禁卫军管带、民国统率办事处军事参议、保定陆军军官学校校长、国民政府军事委员会高等顾问、陆军大学代理校长等职，著有《孙子浅说》②、《军事常识》和《国防论》，是近代著名的军事学家。

《孙子浅说》的编撰，以《孙子十家注》为底本，而参考诸家的注解。蒋方震、刘邦骥认为："十家之注，不可谓不详且尽矣，有精于义理者，有精于训诂者，有精于考据者，通训定声，引经据史，博赡鸿富，灿然杂陈。然学者恒苦其汗漫无涯，莫得其纲领，难寻其

---

① 《孙子集解·恽序》，光绪庚子刊本。
② 《孙子浅说》一书，为蒋方震、刘邦骥两人合著，1915年出版。此前，蒋方震撰《孙子新释》，把《孙子》同西方军事学相结合，进行比较研究，成为《浅说》的基础。

条目，几如一屋散钱，无从贯串，亦读《孙子》者之大憾事也。"①因此，他们注释《孙子》，把十三篇分作60节，摘录旧注的要点，给予新的解说。

蒋方震、刘邦骥解说《孙子》，关注通篇的结构，认为首篇总论军政，第二篇至第六篇论战略，第七篇至第十三篇论战术，"十三篇结构缜密，次序井然，固有不能增减一字，不能颠倒一篇者"②。具体说来，《计篇》论军政与主德的关系，《作战》论军政与财政的关系，《谋攻》论军政与外交的关系，《形篇》论军政与内政的关系，《势篇》论奇正的妙用，《虚实》论虚实的至理，《军争》论普通战争的方略，《九变》论临机应变的方略，《行军》论行军的计划，《地形》论战斗开始的计划，《九地》论战斗得胜、深入敌境的计划，《火攻》论火攻的方法，《用间》论庙算的作用。"准此以读十三篇，若目在纲，有条不紊，不能增损一字，不能颠倒一篇矣。"③

参照近代军事理论，蒋方震、刘邦骥解说《孙子》，每每都有新的说法。如论战争指导原则，以"主孰有道"为要旨，"盖主有道，则能用正道，亦能用诡道，无往而不胜矣"。论军政与内政的关系，以"修道保法"为主脑，道法既是无形的军政，又是内政的主体。论诡道的界说，包括奇正、虚实，分数形名为奇正的本体，虚实为奇正的妙用；"虚实之妙诀，在乎致人而不致于人。"论"谋攻之巧拙，视乎外交，外交得则可以伐谋伐交，而军政得矣；外交失则伐兵攻城，而军政失矣"。论军争的纲领，包括六项事务：辎重、粮食、委积三项，大本营所当注意；敌谋、地形、向导三项，前敌所当注意。通过这样的解说，孙子思想与近代军事理论相结合，被赋予新的涵

---

① 《孙子浅说·绪言》，民国四年房西民抄本。
② 《孙子浅说·绪言》，民国四年房西民抄本。
③ 《孙子浅说·绪言》，民国四年房西民抄本。

义。

令人敬佩的是,蒋方震作为著名的军事学家,不仅给《孙子》作出新解,具有开创性的价值,而且耗费毕生的精力,从事军事战略研究,当全面抗战到来之际,写出《国防论》一书,融会欧美各国的国防理论,以总体国防思想为中心,构筑起一套完整的国防战略,为中国近代军事学做出了重大的贡献。

3. 李浴日与《孙子》

李浴日(1908~1955),广东海康人,历任国民政府国防部政治部第二处副处长、黄埔军校教官、世界兵学编译社社长,通晓英语和日语,编著有《孙子兵法新研究》、《孙子兵法之综合研究》、《东西兵学代表作之研究》等,是近现代著名的军事学史家。

《孙子兵法新研究》是一部注解《孙子》的学术著作,包括内容提要、注解和眉批三个部分,内容提要说明每篇的旨趣,注解又分文字释义、理论探讨两方面,眉批指出每篇的要点。李浴日运用近代军事理论作指导,批判地继承清代孙子学成就,借鉴国外学者相关论点,高度概括孙子思想,归纳为先知、计划、自然、求己、全存、主动、利动、迅速、秘密和变化十大原理。这部著作既有宏观的视野,又不失微观的细腻,观点独到,论述精辟,具有较高的学术水平。

《东西兵学代表作之研究》是一部研究《孙子》和《战争论》的论文集,收入有关《孙子》的论文10篇,包括金典戎的《孙子的价值思想与西洋兵法》,林夏的《孙子兵法的特色及价值》,徐庆誉的《孙子兵法与现代战争》,李浴日的《孙子兵法的解剖》、《从孙子兵法分析敌人进犯粤北的溃败》、《孙子兵法在英美》,陈纵材的《以孙子兵法分析德国五年来之军事行动》,谭彼岸的《孙子兵法的另一看法及未解的一句》,彭铁云的《孙克两氏兵学思想的比较及其批评》,陈南平的《孙克两氏兵学思想之时代背景及其影响》。其中,李浴日的论文分别论述了《孙子》的战争方式和作战原则,运用孙武的观点分析了抗战期间的粤北大捷,指出了日本侵略者遭到失败的原因,还编译了外国学者给予《孙子》的评论。这部著作集中地研究了孙子思想,还把它与克劳塞维茨的思想相比较,有着较大的学术价值。

《孙子兵法之综合研究》主要介绍日本学者研究《孙子》的成果,包括北村佳逸的《孙子解说》、大场弥平的《孙子兵法》、尾川敬二的《孙子论讲》、福本椿水的《孙子训注》等著作,摘录每一部著作的要点,援引英国学者贾尔斯等人的言论,提出个人的学术见解。

李浴日研究《孙子》,能够站在时代的高度,凭借扎实的学术功底和开阔的学术视野,对前人的研究进行总结和创新,尤其是对于西方近代军事理论有较深的研究,对中外孙子学的历史和现状有较好的把握,进而重新阐释孙子思想,堪称现代孙子学的代表作。

4. 陆达节的《孙子考》

陆达节,海南文昌人,生平事迹不详。他做过中学和大学教师,曾任民国训练总监部军学编译处编辑,编著有《中国兵学现存书目》、《孙子考》和《孙子兵法书目汇编》,是现代较有成就的孙子学者。

《中国兵学现存书目》是一部关于中国历代兵书的目录著作,收入先秦至民国军事著作1304部,共计6831卷。在这一书目完成后,陆达节拟模仿清代学者朱彝尊《经义考》、谢启昆《小学考》的体例,把所有现存兵书加以考证,编为《兵书考》一书,其中包括《孙子考》、《古代兵书考》、《近代兵书考》。这样做下来,"历代兵家之多寡,兵学之盛衰,咸有所考见,分则自成卷帙,循览称便;合则首尾赅贯,宛如一编"①。可惜的是,陆达节未完成这项工作,仅写成《孙子考》。

《孙子考》是一部关于孙子学的目录著作,收入汉末至民国有关《孙子》的论著 217 部、日本和韩国学者论著 52 部,分为孙子原著、注释、辑刊、论文、日人译述五部分。对于每一部论著,"首考其存佚版本,次陈历代之著录,次录诸家之序跋解题,后缀以按语或撰人小传"②。这部著作定稿后,没有及时出版,陆达节以它为底本,仅做少量增删,编成一个简本,题名为《孙子兵法书目汇编》,先行交付印行。

值得称道的是,正当烽火连天之际,陆达节仅凭一人之力,往返于各家图书馆之间,徜徉于历代军事文献之中,花费数年的功夫,编撰出《孙子考》,第一次较全面记述了中国孙子学的研究成果,给人们研究《孙子》提供了方便,还为孙子学的发展,开辟了一块新的园地。

5. 杨杰的《孙武子》

杨杰(1889~1949),字耿光,云南大理人。他早年毕业于日本陆军大学,回国参加辛亥革命,历任护国军第四军参谋长、广东革命军第六军军长、中央陆军军官学校和陆军大学校长、国民政府陆海空军总司令部总参谋长、军事委员会办公厅主任、驻苏联大使等职。著有《孙武子》、《国民军事必读》、《大军统帅学》和《国防论》,是中国近代著名的军事学家。

《孙武子》介绍孙武的生平事迹,从政治、经济、外交、战争、国防、战术和组织诸层面,论述孙子军事思想,提出了一系列见解。杨杰从国防的角度看,认为"攻其无备,出其不意"是军事学术中

---

① 陆达节:《孙子考·序二》。
② 《孙子考·凡例》。

的金科玉律,"攻其无备"是物质方面的准备,"出其不意"是精神方面的准备;前者的着重点在"有",后者的着重点在"用"。"诡道十二法"是权而不是经,是末而不是本,是助力而不是主力,玩得好能有惊人的效力,玩不好就会枉费心机。从政治的角度看,认为孙子思想有两件最重要的法宝:"道"和"法","道"是制造精神力的机器,"法"是生产物质力的工厂。从比较的角度看,认为"孙子的战争理论是农业封建社会里产生出来的,克劳塞维兹的战争理论是产业革命以后的初期工业资本主义社会里产生出来的,东方兵圣和西方兵圣在时间上前后相距两千多年,他们代表着截然不同的两个时代"。从现代的眼光看,《孙子》既是"国防学"的总汇,也是"全体性战争"的骨子,还充满"闪电战"的思想。这些精辟的见解,对于现代孙子学来说,都是重要的贡献。

令人注目的是,杨杰着眼于普及军事知识,重视《孙子》的现代价值,认为"生活就是战争",战争是一种求生手段。只要还存在着国家,战争就无法消灭。凡是有战争的地方,就有《孙子》的光辉在照耀。战争艺术来源于人类过去的经验,又可以指导人们当前的实践,单是咬文嚼字和机械地背诵《孙子》,已经没有什么用途,最要紧的是把握住孙武的思想方法,并利用这一思想方法,进行创造发明。他曾告诫读者:"读《孙子》,千万不要开倒车,不要食古不化,返回春秋战国时代。我们的任务,是要效法孙子的精神,利用孙子的思想方法和成果,来创造将来。"①这种面向未来的态度,有助于拓展孙子学。

杨杰撰写《孙武子》,因为思路清晰,文笔流畅,被誉为"国内以通俗文字阐扬兵学始祖——孙子学说之第一人"②。只是囿于

---

① 《孙武子》第146页,重庆胜利出版公司,1944年。
② 《孙武子》卷首《作者小传》,重庆胜利出版公司,1944年。

学术功力,在这部著作里面,也存在明显的错误。如称"文字的流传,最初是雕刻在钟鼎上和甲骨上,后来才雕刻在竹简上,写一个字要费半天工夫";说孙子"把姜太公的兵学、文王周公的易学、管仲的政治学、老子的道德、孔子的仁义,统统吸收进去融化了"等等,都有必要加以修正。

6. 钱基博与《孙子》

钱基博(1887～1957),字子泉,江苏无锡人。他早年自学成才,曾投身于军事活动,后历任小学、中学、大学教师,执教于圣约翰大学、光华大学、浙江大学、蓝田师院和华中大学,开过《孙子》课程,讲授军事知识,著有《中国文学史》、《现代中国文学史》、《经学通志》、《孙子章句训义》等,是现代著名的文史学家。

《孙子章句训义》的编撰,以孙星衍《孙子十家注》为底本,利用明代正统道藏本、嘉靖谈恺刊本和清代湖北崇文官书局《百子全书》本校勘,"择善而从,句分节解,写为章句";依照十一家注,"削其繁剩,笔其精粹,取意相发而不相复,以成训义"[1];参考德国军事学家克劳塞维茨、毛奇、鲁登道夫等人的军事观点,选取两次世界大战中的著名战例,运用按语的形式,阐发章句的旨趣。这样注解《孙子》,训诂义理兼备,古今中外互证,遂使十三篇语义明晰,脉络贯通。

钱基博运用近代军事理论解释孙子思想,每每提出新的见解。如论孙武的战略战术,"要归于先胜而后求战,贵胜不贵久,攻瑕不攻坚,勿轻犯敌之强,而以全争于天下"[2]。又说"势者,因利制权,施之临战;而计者,量敌审己,虑于未战","惟孙子之意,重计而不

---

[1] 《孙子章句训义·序》,商务印书馆,1947年。
[2] 《孙子章句训义》第1页,商务印书馆,1947年。

重势,则是战略重于战术"①。又说"孙子之论战略,注意时间,为持久战;孙子之言战术,注意空间,为运动战"②。这类论述简洁明了,有助于人们掌握孙子思想。

令人振奋的是,钱基博参照孙武的军事观点,对抗日战争的战略问题做出深刻的分析,认为战争双方的胜败,能够推断的有三点:"一曰日人之胜不贵久,不免于力屈货殚之患。二曰我军之强而知避,可以收彼竭我盈之效。斯二者,日本战略之必败也。三曰日本之威加于敌,必以成众叛亲离之祸,抑又日本政略之必败也。"③在这一认识基础上,钱基博讨论抗战的基本方针,进一步明确地指出:"日亟攻,我姑避;日贵胜,我为久;日未败,我且待。"④这一方针旨在持久抗战,完全符合孙武"避其锐气,击其惰归"的军事原则。

不啻如此,钱基博纵览国际军事形势,参照孙武的军事观点,对第二次世界大战的战略问题也有整体的判断。他认为"德、日、义争先而主攻,中、苏、英、法、美贵后而先守";"德、日、义战略之胜久而不能善后,中、苏、英、法、美战略之能自保而全胜。"⑤相比较而言,中、苏两国的军事战略,又有别于英、法、美三国。"中、苏先为可败以待敌之可胜,而英、法、美先为不可胜以待敌之可胜。"⑥这些精湛的论断,作为战略思维的结晶,令人感觉清新。

此外,钱基博研究孙子思想,与克劳塞维茨的军事思想相比较,说明彼此的异同。如论将帅的基本素质,认为克氏所言五事:

---

① 《孙子章句训义》第604页,商务印书馆,1947年。
② 《孙子章句训义》第621页,商务印书馆,1947年。
③ 《孙子章句训义·序》,商务印书馆,1947年。
④ 《孙子章句训义·序》,商务印书馆,1947年。
⑤ 《孙子章句训义》第609页,商务印书馆,1947年。
⑥ 《孙子章句训义》第613页,商务印书馆,1947年。

"智"、"勇"、"果敢"、"热情"和"识力","孙子'智''勇'两义足以尽之,而'信''仁''严'三义,则足以匡克氏之所不逮"①。论战争指导原则,他认为"克氏贵先,孙子贵后";"克氏主动以争人之先,孙子后起以承人之弊"②。这样的比较说明,可以加深人们对东西方军事学的理解。

7. 郭化若与《孙子》

郭化若(1904～1995),字化玉,福建福州人。他毕业于黄埔军校,参加过北伐战争,后赴莫斯科炮兵学校学习,历任红军第四军二纵队参谋长、总前委秘书长、抗大分校校长、华野六纵队副司令员、四纵队政委、淞沪警备司令部司令员兼政委、南京军区副司令员、军事科学院副院长等职,有《孙子今译》、《孙子译注》等著作。

早在延安时期,郭化若就开始研究《孙子》,作为《战争论》研究会的成员,在毛泽东直接领导下,写过《孙子兵法之初步研究》,运用马克思主义理论做指导,对孙子思想做出系统的阐述。进入20世纪50年代,他把《孙子》分为108段,根据个人的理解加以改编和翻译,出版了《今译新编孙子兵法》。60年代初期,他把《今译新编孙子兵法》改编过的篇目重新恢复过来,对于原先的译文做出较大的修订,出版了《孙子今译》。进入80年代,他在《孙子今译》的基础上,对于每一篇章的旨趣、每一段落的要领,以及部分文字的校勘,都做出细致的修订,出版了《孙子译注》。在近半个世纪里,他一直致力于研究《孙子》,最终有了传世之作。

通过不断深入的研究,郭化若系统地阐述了孙子思想,分析了它的基本特征。在战争观方面,孙武对战争抱慎重的态度,要求统治阶级做到有备无患,着重论述了战争胜败的决定因素,把"道"

---

① 《孙子章句训义》第 31 页,商务印书馆,1947 年。
② 《孙子章句训义》第 607、609 页,商务印书馆,1947 年。

视为决定战争胜败的首要因素,同时全面地论述了战争胜败的其他因素。在战争指导方面,孙武把"知彼知己"看做正确指导战争的先决条件,认为"知彼知己"贯穿战争指导的全过程;主张进攻速胜,强调"兵贵胜,不贵久";注重在野外机动作战,把"伐兵"放在"攻城"之前,把"攻城"看作下策;强调"致人而不致于人","因敌而制胜",要求战争指导者争取主动,避免被动,灵活机动地打击敌人。在军队建设方面,孙武重视将帅的地位和作用,把"智、信、仁、勇、严"看作将帅的基本素质;主张运用文武兼施、刑赏并重的原则治理军队。在军事哲学方面,孙武既有朴素的唯物论观点,又有丰富的辩证法思想,主要表现为无神论和反天命的态度,把"五事"、"七计"作为战争胜败的基础,要求战争指导者充分认识军事领域中的矛盾现象,并通过主观作用使它朝着有利于我方转化。孙子思想的局限性,在于未能区别战争的性质,轻视士卒和人民在战争中的作用,提倡愚兵政策。这样的理论阐述,把孙子学推上一个新台阶。

总起来说,郭化若长期从事孙子学研究,不仅为《孙子》做过大量的校勘、注释、翻译工作,而且运用马克思主义理论探讨孙子的军事思想,对中国现当代孙子学的发展,尤其是《孙子》的广泛普及,做出了重要的贡献。

(五) 孙子学的繁荣

20世纪80年代以来,中国社会发生着巨大的变化,伴随改革开放的步伐,人文社会科学开始转入正轨,军事学得到长足的进步。特别是汉简本《孙子兵法》的问世,直接激活了孙子学研究,孙子学迎来蓬勃的春天。孙子学者通过深入思考,在传记写作、文献整理、理论探讨、应用研究和学术交流诸方面,取得了前所未有的成就,这也昭示着孙子学的繁荣。

1. 孙子的传记研究

孙武的生平事迹,因为未见载于《左传》,长期遭到猜测和质疑。自从银雀山汉简出土以后,学术界经过深入讨论,取得了比较一致的看法:历史上确有孙武其人,司马迁为孙武立传,应该有可靠的依据。因此,有关孙武生平的研究,成为一个热门话题,涌现出一批学术传记。

谢祥皓、李政教主编的《兵圣孙武》,作为《孙子兵法大全》的一种,在充分挖掘现存史料的基础上,考订了孙武的故里和家世,介绍了孙武的生长环境、时代背景和思想渊源,着重论述了孙武的生平业绩,说明了孙子军事思想及其在世界范围内的影响,是一部内容较为全面的孙武传记。

杨善群的《孙子评传》,作为"中国思想家评传丛书"的一种,把孙武与司马穰苴、孙膑合在一起,从思想史的角度进行了详细的论述。其中介绍了孙武所处的社会背景;叙述了孙武避乱奔吴、试兵任将、西破强楚、南服越人、北威齐晋、晚年景况和历史悲剧;阐述了孙武的思想体系,包括有关战争、治军、战略战术、后勤等军事思想和朴素的唯物论、认识论和辩证法等哲学思想以及兼并、修道、保法、富民等政治主张,分析了这一思想体系的局限。

此外,黄朴民的《孙子评传》、刘春志的《孙武传》、周兴的《孙武本传》、高友谦的《孙子新传》等,也都利用优美的笔调,对孙武的生平和思想进行了系统的论述,展示了一代兵圣的魅力。

2.《孙子》的文献研究

《孙子》的文献研究,作为孙子学的基础部分,主要运用文献学的方法,包括版本、目录、注释、校勘、辑佚、翻译等方法,对《孙子》进行研究。在近二十余年间,这方面的研究深受学术界的关注,并取得突破性的进展。

1972年4月,在山东临沂银雀山汉墓发掘竹简4900多枚,内容包括《孙子》、《孙膑兵法》、《尉缭子》、《六韬》等军事著作。其中《孙子》竹简300多枚,经过仔细的整理,被区分为两编:一是《孙子》十三篇,二是《孙子》佚文,题名为《银雀山汉墓竹简(壹)·孙子兵法》正式出版。这个文本与十一家注本、武经本《孙子》相对照,在篇名和文字方面,存在着较大的差异。因此,它的整理和出版,对于《孙子》的校勘工作,提供了极为宝贵的资料。正是在这种条件下,产生了《银雀山汉简释文》、《孙子会笺》、《十一家注孙子校理》、《孙子校释》等学术专著。

杨炳安的《孙子会笺》,在原有成果的基础上,重新校释《孙子》,以《十一家注孙子》为底本,参考诸种版本、著述达30多种,博采众说,辨讹正误,对历代孙子学进行了系统的梳理,成为一个笺注完备的著作。而他的《十一家注孙子校理》,作为《新编诸子集成》的一种,以明刊十一家注本进行对校,参考其他版本和著述,着重对于十三篇文字进行校理,共写出692条校记,给人们提供了一部校勘全面的《孙子》文本。

吴九龙的《银雀山汉简释文》,叙述了银雀山汉墓的地理沿革、墓葬形制、随葬物品、墓葬年代和墓主人等情况,按照原简顺序编排出土文献,并逐一译为现代汉语,给人们提供了一部未经连缀、注释的著作。而他主编的《孙子校释》,作为《孙子兵法大全》的首卷,以《十一家注孙子》为底本,参考汉简本、武经本等80多种文献,进行了细致的整理和研究,其中校勘部分辨正讹误,富有创见;注释部分博采众长,颇见功力;翻译部分文字洗练,准确到位,附录英、法、德、日、意五种译文,成为一个比较权威的《孙子》读本。

值得称道的是,为了满足孙子学研究的需要,谢祥皓、刘申宁编辑《孙子集成》,作为迄今最大的一部孙子学文献汇编,收入西汉至民国期间各种《孙子》刊本80部、490卷,其中包括西夏文、满文、日文著述 6 部,并保持每一部著述的原貌,为孙子学研究提供了基本资料。于汝波主编《孙子学文献提要》,作为一部孙子学目录著作,收入 1992 年以前中外孙子学文献 1849 种,分为国内著作、论文和国外文献三编,对于一些重要的学术论著,依照标题、版本、作者、内容四个部分,都写出简洁的提要,体例完备,内容翔实,堪称步入孙子学殿堂的门径。

3.《孙子》的理论研究

《孙子》的理论研究,作为孙子学的中心环节,主要从战争观、战争指导原则和军队建设思想,以及哲学、经济和管理等层面,探讨孙子的军事思想。近二十多年来,这一领域新著迭出,如吴如嵩的《孙子兵法新论》、陈学凯的《制胜韬略——孙子战争知行观论》、龚留柱的《武学圣典》、赵海军的《孙子学通论》、于汝波主编的《孙子兵法研究史》、邱复兴的《孙子兵法大典》,都有较高的学术价值。

吴如嵩的《孙子兵法新论》,总结孙子学的研究成果,着眼于《孙子》的基本构架,运用系统的研究方法,突破平面图解的思维模式,把孙子思想归纳为十六论,即安国全军的慎战论、谋深虑远的先胜论、不战而胜的全胜论、威加于敌的伐交论、纵深奔袭的突袭论、攻虚击弱的易胜论、示形动敌的致人论、因利制权的任势论、兵以诈立的诡道论、奇正相生的阵法论、十围五攻的常法论、令文齐武的治军论、五德兼备的将帅论、因粮于敌的后勤论、九地六形的地理论、刚柔皆得的战道论,其中有一些论述,凸显出独到的见解。

陈学凯的《制胜韬略——孙子战争知行观论》,站在哲学的高度,把认识论、实践论、辩证法结合在一起,集中地论述了孙子战争认识体系的核心:知彼知己;分析了孙子战争制胜的行动原则:避实击虚;说明了孙子战争知行观的特点和地位,对孙子思想的核心内容做出了新的阐释,是一部不可多得的理论著作。

龚留柱的《武学圣典》,是"元典文化丛书"的一种,运用历史学的基本方法,对《孙子》产生的文化环境和学术基础、孙子思想的主要内容和价值、历代兵家对孙子思想的继承和发展、《孙子》在世界范围内的传播和影响等问题,进行了较全面的论述,使思辨性与通俗性、学术性与可读性相统一,成为一部内容丰富、形式活泼的学术著作。

赵海军的《孙子学通论》,从孙子学的历史渊源、发展历程及其与传统兵学、传统文化的关系诸方面,对孙子学进行了多侧面、多角度的透视,初步构建了孙子学的基本框架,并就这一框架做出多层面的论证,其中论及孙子兵学体系、后世学者对于孙子思想的补充和发展、明清实学思潮的兴起与兵学转型、孙子学与儒学的关系等问题,提出了一些新的认识。

于汝波主编的《孙子兵法研究史》,从学术史的角度,对历代《孙子》研究的过程,按朝代分出10个时期:远古至春秋是《孙子》酝酿产生时期,战国是《孙子》研究发轫时期,秦汉是初期校理时期,魏晋南北朝是早期注解时期,隋唐五代是注释高峰时期,宋元是成为武经首位时期,明代是疏解阐发时期,清代是传统终结和再造时期,民国是与近代西方军事融合时期,新中国是孙子学创立和大普及时期,并对此做出概括论述,同时对《孙子》在世界上的传播和应用研究情况,也做了较具体的叙述,为孙子学研究提供了重要线索。

邱复兴的《孙子兵法大典》,包括原著校译、兵圣传略、研究信息、文物遗迹、宋本十一家注译本、新编十一家注辑本、思想精义、中外论赞、词语解释、兵家承继、拓展借鉴、世界影响、著述提要、书录文献、古本辑录、版本集萃、名言史证、原文索引等部分,汇辑了《孙子》的主要文本,总结了历代孙子学的基本成就,吸纳了当代孙子学的部分成果,通过多侧面和多层次的论述,揭示了孙武的生平和思想体系,堪称孙子学的集大成著作。

还要强调的是,近二十余年间,围绕《孙子》的理论研究,发表了大批学术论文,内容涉及军事哲学、军事战略、作战方法、军事经济、军事管理、军队建设、战争动员、军事伦理、军事心理、军事运筹、军事决策、军事预测、军事信息、军事后勤、军事地理及孙子思想与诸子百家、西方军事理论的比较研究等方面,拓宽了学术视野,加深了认识深度,大幅度提高了学术水平。

4.《孙子》的应用研究

《孙子》的应用研究,作为孙子学的延伸部分,随着"孙子热"的出现,受到人们广泛的关注,并且取得丰硕的成果,收到良好的社会效益。

李世俊、杨先举、覃家瑞的《孙子兵法与企业管理》,参照孙武的基本思想,围绕现代企业管理的四条主线——"未战先算,运筹定计";"先胜后战,组织治众";"巧能成事,行销谋略";"五德皆备,可为大将",联系企业生产经营过程的三个阶段——经营决策、生产管理、产品销售,抓住企业经营管理的一个关键——企业领导者的修养,从理论和实践两方面做出较细致的论述,成为一部探索中国式管理的学术专著,受到广泛的关注。

李启明的《孙子兵法与现代战略》,着眼于现代战略理论,分析孙武的战略体系,包括大战略、国家战略、军事战略、野战战略诸层次,以国家战略为基础,根据"五事"和"七计",预测战争的胜败:如果不可与敌人开战,或可不战而胜,就遵循大战略,通过"伐谋"和"伐交",达到国家目标;如果可与敌人开战,或不得不与敌人作战,就遵循军事战略,依靠"胜兵"和"拙速",夺取战争胜利;野战战略是《孙子》的主要内容。这一战略理论的解读,对指导现代战争来说,应该有一定的意义。

褚良才的《孙子兵法研究与应用》，通过《孙子》的文献研究，从战略战术、国家安全、企业管理、商业竞争、股市投资、政治哲学、人才择用、信息情报、外交谈判、交际处世、思维科学、教育科技、体育竞技、医学诊治等方面，对《孙子》的应用问题，进行了较细致的论述。作者期望以研究解决理论问题，以应用解决实际问题，使研究和应用结合起来，给人以智慧的启迪。

据初步统计，近二十余年间，有关《孙子》的应用研究，出版有100多种作品，其中一小部分具有学术价值，绝大多数属于通俗读本。这些读本通俗易懂，其中有的品味较高，受到一些读者的青睐，对于传播或宣传《孙子》，起到一定的积极作用。但是，应该看到其中不足之处，如在军事应用研究方面，存在着引古铸今、据今论古的缺陷；在非军事应用研究方面，存在着生搬硬套、随意比附的弊端。这些过分功利化、庸俗化的倾向，都必须加以克服。

5. 孙子学的新局面

当代孙子学的发展，有赖于一支热心钻研的学术队伍，有赖于一批学术组织的凝聚和推动，有赖于学术方法和传播方式的进步，有赖于国内外学术交流的广泛开展。因为这一系列因素，孙子学取得了前所未有的成就，迎来了一个崭新的局面。

近二十余年间，孙子学研究队伍不断扩大，遍及社会各领域。在军事科研部门，有一大批专职研究人员，长期从事孙子学研究工作，把《孙子》推广到军事教育领域。在工商界，有不少经营管理者酷爱《孙子》，活学活用，把孙子思想嫁接到经营管理领域。在许多高等院校，《孙子》被搬进课堂课程，深受广大学生的欢迎。如北京大学、南京大学、浙江大学、南开大学、华中师范大学、河南大学、西北大学等院校都开设过《孙子》课程，听课学生往往数以千计，学习气氛极为活跃。《孙子》的进一步普及，在整个社会中将培育出更多的业余爱好者。所以完全有理由说，孙子学发展到现在,已经是遍地开花。

为了适应孙子学的发展,先后成立了一批研究机构。1989年5月,中国孙子兵法研究会正式成立。该研究会在联络孙子学研究专家,组织召开国际性学术会议和进行学术攻关,指导和协调国内同类研究机构等方面,做了很多有益的工作。此后,在许多省、市、县和高等学校纷纷设立孙子学研究机构,如山东孙子研究会、天津孙子兵法研究会、黑龙江孙子兵法研究会、中国孙子与齐文化研究会、山东社会科学院孙子研究中心、辽宁兵法学会、中华孙子兵法研究学会、深圳孙子兵法研究会、苏州孙武子研究会、临沂孙子研究院、惠民孙子研究会、广饶孙子研究中心等。这些研究机构的成立,为推动孙子学的进一步发展,提供了必要的组织基础。

在学术方法上,人们广泛地利用信息技术,学习和研究《孙子》。如杨少俊较早主持研制的"孙子兵法微机检索专家系统",收入有关孙子学的基本资料,根据资料的内容分类统计,成为一个便于检索的资料库。时至今日,要想找到一部电子版《孙子》,那是非常容易的事情。在传播方式上,人们利用各种手段和途径,传播或宣传《孙子》。如中央电视台策划制作的专题系列片《孙子兵法》,通过电视媒体的手段,展示《孙子》的应用价值;蔡志忠的《孙子说——兵学的先知》,运用漫画创作的形式,解说《孙子》的基本思想。这些新的方式和方法,对孙子学的进一步发展,起到了很大的作用。

在学术交流方面,近期取得骄人的成绩,并保持着良好的势头。仅由中国孙子兵法研究会组织,就举办过7次国际研讨会。1989年5月,第一届孙子兵法国际研讨会在山东惠民举行,就孙子军事战略、哲学思想、《孙子兵法》的流传与研究及其在社会领域的应用问题,进行了较广泛的讨论,揭开了国际孙子学研究与交流的序幕。1990年10月,第二届孙子兵法国际研讨会在北京举行,会议主题是"孙子的思想体系及其在当今的时代价值"。1992年4月,第三届孙子兵法国际研讨会在山东临沂举行,会议围绕《孙子兵法》的文献研究、《孙子兵法》与现代战争、《孙子兵法》与现代社会、《孙子》的东传西渐问题,进行了较深入的讨论。1998年10月,第四届孙子兵法国际研讨会在北京举行,会议主题是"孙子兵法与世纪之交的国际安全"。2000年10月,第五届孙子兵法国际研讨会在江苏苏州举行,会议主题是"《孙子兵法》与21世纪初的国际战略问题"。2004年11月,第六届孙子兵法国际研讨会在深圳举行,会议主题是"孙子兵法与战略文化"。2006年5月,第七届孙子兵法国际研讨会在浙江杭州举行,会议主题是"孙子思想·大国关系·中国和平发展"。每一次研讨会都得到政府和军队高层的重视,有来自不同国家的众多学者参加,并把提交的论文结集出版,成为孙子学研究的重要成果。

必须指出的是,中国当代孙子学的繁荣,不但源于国内学界的积极努力,还与国外学者的积极参与密切相关。一些国家和地区纷纷成立《孙子兵法》研究组织,如日本孙子国际研究中心、马来西亚孙子兵法学会,都在孙子学领域做出大量的工作,与中国孙子研究机构保持着密切的联系。经过近30年的发展,孙子学不仅在中国成为一门显学,而且成为一门世界性学问。

六 《孙子》的价值

中国孙子学研究表明,孙子思想不仅有着强大的生命力,而且有着广泛的适应性;不仅适应于战争指导和军队建设,而且适应于其他非军事领域。无论在传统学术研究层面,还是在现代社会生活层面,《孙子》都有重要的价值。

(一)《孙子》与传统文化

说起中国传统文化,人们总是关注儒家思想或者儒、释、道三教,这当然没什么错。但客观地说,仅凭对儒家思想或者儒、释、道三教的诠释,就想对中国传统文化有一个全面的认识,那是远远不够的。因为单就思想论思想,顶多能弄清学派史、教派史,或者学派与学派、教派与教派之间的关系,无法涵盖文化整体。中国传统文化的发展演变,本质上是人的思想与行为过程。对人的行为进行策划,制定具体的行为方法,并在行为过程中随机应变,是弥漫于社会各阶级、阶层的人们,包括儒、释、道三教的信徒,都不可能完全例外的事情。谋略作为人们参与社会活动的能力与方法,是一种具有普遍性的文化形态,是中国传统文化的重要组成部分。

在诸子百家中间,与儒家、道家、墨家相比较,兵家、法家、纵横家最为重视谋略的发明与应用。这三家因所持的政治理念和主张不同,对于谋略的理论研究与实践,也各有不同的侧重点。大体说来,法家侧重于政治,兵家侧重于军事,纵横家侧重于外交。因此,对于谋略理论的整体建构,就形成了三个主要流派:兵家谋略,以孙武为鼻祖,以《孙子》为代表作;法家谋略,由韩非集大成,以《韩非子》为代表作;纵横家谋略,由苏秦、张仪所高扬,以《鬼谷子》为代表作。这三个流派的产生和发展,代表中国传统文化的重要脉络,曾经受到无数政治家、军事家和学问家的关注。

《孙子》问世之后,最先引发的一些评论,主要集中于战争指导层面。如在战国时期,临武君与荀子探讨军事问题,就针对孙武说:"善用兵者,感忽悠暗,莫知其所从出,孙吴用之,无敌于天下。"[1]尉缭论述战争指导原则,把孙武与齐桓公、吴起放在一起,

---

[1]《荀子·议兵》。

有比较地评论说:"有提十万之众而天下莫当者谁?曰桓公也。有提七万之众而天下莫当者谁?曰吴起也。有提三万之众,而天下莫当者谁?曰武子也。"①这些说法的共同点,是认为把孙子思想运用到战争实践中去,总能够战无不胜。

　　自从汉代以来,人们学习和研究《孙子》,对于孙武的军事谋略,也有过高度的评价。如曹操酷爱兵法,读过许多军事著作,面对《孙子》十三篇,却深有感慨地说:"吾观兵书战策多矣,孙武所著深矣!"②唐太宗身经百战,富有军事才能,曾经对李靖说:"朕观诸兵书,无出《孙武》。《孙武》十三篇,无出虚实。夫用兵识虚实之势,则无不胜焉。"③五代时期,张昭撰写《制旨兵法》,特别褒扬《孙子》说:"战国诸子言攻战之术,其间以权谋而辅仁义,先智诈而后和平,唯《孙武》十三篇而已。"④北宋时期,苏洵作为一代文豪,特别偏爱《孙子》,被称为"孙子之徒",曾经明确地指出:"孙武十三篇,兵家举以为师。然以吾评之,其言兵之雄乎!今其书论奇权密机,出入神鬼,自古以兵著书者罕所及。"⑤这些评语的赞许,几乎是无以复加,但并无溢美之嫌。

　　不过,正是从苏洵开始,对孙子思想的评论,也有过严厉的谴责。这主要集中在"诡"、"诈"二字上面。如苏轼论及此问题,不无忧虑地说:"兵者诡道"之论盛行,"则天下纷纷乎如鸟兽之相搏,婴儿之相击,强者伤,弱者废,而天下之乱何从而已乎"⑥。南宋时期,高似孙恪守仁义理念,猛烈抨击孙武说:"兵流于毒,始于

---

①　《尉缭子·制谈》。
②　《曹操集》卷3《孙子序》。
③　《唐李问对》卷中。
④　参见施子美:《施氏七书讲义》卷1《孙子》。
⑤　苏洵:《权书·孙武》。
⑥　《苏轼文集》卷3《孙武论》。

孙武乎。武称雄于言兵,往往舍正而凿奇,背义而依诈。凡其言议反覆,奇变无常,智术相高,气驱力奋,故《诗》《书》所述,《韬》《匮》所传,至此皆索然无余泽矣。"①与这种论调不同,黄震作为一代学者,认为《孙子》"所异于先王之训者,惟'诡道'一语。然特自指其用兵变化而言,非俗情所事奸诈之比。且古人诡即言诡,皆其真情,非后世实诈而反谬言诚者比也。若《孙子》之书,岂特兵家之祖,亦庶几乎立言之君子矣。"②这表明在不同学者之间,对于"诡道"的理解,存在着明显的差异。

但从总体来看,宋代学者评论孙子思想,大多数是持正面肯定的态度。如郑厚把《孙子》与《论语》、《易传》相比较,评论说:"《孙子》十三篇,不惟武人之根本,文士亦当尽心焉。其词约而缛,易而深,畅而可用。《论语》、《易大传》之流,孟、荀、扬诸书皆不及也。"③郑友贤把《孙子》与《易经》并称,认为"《易》之为言也,兼三才,备万物,以阴阳不测为神,是以仁者见之谓之仁,智者见之谓之智,百姓日用而不知;武之为法也,包四种,笼百家,以奇正相生为变,是以谋者见之谓之谋,巧者见之谓之巧,三军由之而莫能知之"④。这种从比较中获得的认识,揭示了《孙子》的学术特征,说明了《孙子》的理论意义,直接影响着后世学者。

明清时期,有不少学者研究《孙子》,在与诸子相比较以后,也给予高度的评价。如明代谈恺说:"孙子上谋而后攻,修道而保法,论将则曰仁智信勇严,与孔子合。至于战守攻围之道,批亢捣虚之术,山林险阻之势,料敌用间之谋,靡不毕具。其他韬钤机略,孰能

---

① 高似孙:《子略》卷3《孙子》。
② 黄震:《黄氏日钞》卷58。
③ 郑厚:《艺圃折衷》。
④ 郑友贤:《孙子遗说》。

过之。"①茅元仪说:"先秦之言兵者六家,前孙子者,孙子不遗;后孙子者,不能遗孙子,谓五家为孙子注疏可也。"②清朝中期,孙星衍整理《孙子》,认为《孙子》"通三才、五行,本之仁义,佐以权谋,其说甚正。古之名将用之则胜,违之则败,称为兵经,比于六艺,良不愧也"③。魏源则说:"夫经之《易》也,子之《老》也,兵家之《孙》也,其道皆冒万有,其心皆照宇宙,其术皆合天人、综常变者也。"④这些观点表明,在诸子百家中间,《孙子》自有独特的魅力,堪称其中的佼佼者。

20世纪80年代以来,许多学者放眼文化整体,讨论中国传统思想,仍旧非常重视《孙子》。如史学家刘泽华认为,《孙子》"应与同时代的《老子》、《论语》并驾齐驱、媲美相辉,不妨称之为中国古代智慧之鼎的'三足'。《孙子兵法》以'刚'为基点创建了辩证法,《老子》以'柔'为基点创建了辩证法,《论语》以'中'为基点创建了辩证法。"⑤日本学者服部千春则说:"《孙子》十三篇兼有老子的幽玄性与孔子的现实性。其内容全而不偏,从易学到天文学、地理学、心理学,所涉领域甚广,深富哲理。从《计篇》至《用间篇》,全书犹如常山之蛇,率然有序,结构紧密,体系完备。其篇法、章法、句法、字法都很完整,并采用三段论法和演绎法,而使全篇脉络相通。"⑥诸如此类论述表明,在中国传统文化史上,《孙子》与《老子》、《论语》相比较,占据同等的学术地位。在研究中国传统文化时,应当正视《孙子》的独特价值。

---

① 谈恺:《孙子集注·自序》。
② 茅元仪:《武备志·兵诀评·序》。
③ 孙星衍:《孙子十家注·孙子略解序》。
④ 魏源:《孙子集注序》。
⑤ 参见陈学凯:《韬略制胜》第3页,山东人民出版社,1992年。
⑥ 参见龚留柱:《武学圣典》第35页,河南大学出版社,1995年。

（二）《孙子》与军事实践

因为这一独特价值，《孙子》散发着璀璨的光芒，照耀着历代仁人志士，积极投身于军事实践，通过发挥个人聪明才智，去谱写历史的新篇章。

在中国传统社会里，一个人若有志于军事实践，就必须磨炼两种功夫：刀剑和兵法。刀剑的功夫，运用于个体的搏击；兵法的功夫，运用于群体的对抗。这两者相比较，刀剑不过"一人敌"，兵法方为"万人敌"。显然，熟悉孙子思想，掌握军事知识，懂得军事谋略，对每一位将帅来说，都是必备的基本素质。

纵观中国历史，孙子思想的滋养，对许多将帅的成长，都有重要的影响。秦汉之际，韩信能够"拔魏赵，定燕齐，使汉三分天下有其二，以灭项籍"①，其中一个重要的因素，就是他精通《孙子》，灵活运用孙子思想。西汉后期，赵充国"为人沉勇有大略，少好将帅之节而学兵法，通知四夷事"②，因而在治理羌族、经营西北地区的时候，能够以较小的代价，赢得巨大的成功。两汉之际，冯异喜欢读书，通晓《左传》、《孙子》，被汉光武帝所重用，参照孙子思想指挥作战，取得一系列重大胜利。三国时期，曹操性情豪爽，文武兼备，"自统御海内，芟夷群丑，其行军用师，大较依孙吴之法，而因事设奇，料敌制胜，变化如神"③。作为曹操的对手，孙权统领国事以后，反复阅读各家兵书，自以为大有裨益，因而要求吕蒙、蒋钦"宜急读《孙子》、《六韬》、《左传》、《国语》及三史"④，同样使他们受到教育，提高了军事素质。特别是十六国时期，一些少数民族的首

---

① 《史记·太史公自序》。
② 《汉书·赵充国传》。
③ 《三国志·武帝纪》注引王沈《魏书》。
④ 《三国志·吴书·吕蒙传》注引《江表传》。

领重视学习《孙子》,如匈奴族首领刘渊"尤好《春秋左氏传》、《孙吴兵法》,略皆诵之"①;其子刘聪"年十四,究通经史,兼综百家之言,《孙吴兵法》靡不诵之"②;其侄刘曜"尤好兵书,略皆暗诵"③,藉此懂得军事谋略,利用混乱的政治局势,打出各自的一片天地。

隋唐以后,随着武举制度的推行、武学的兴办,《孙子》作为军事理论教材,对培养和造就军事人才,发挥着更大的作用。如李靖作为一代名将,就与熟读《孙子》有关。他的舅父韩擒虎为隋朝大将,经常与他谈论兵法,总是感慨地说:"可与论孙、吴之术者,惟斯人矣!"④唐朝中期,郭子仪智勇双全,得中武举高第,参与平息安史之乱,收复长安和洛阳,智退吐蕃和回纥,系天下安危于一身。南宋初期,岳飞出身贫寒,深沉好学,特别爱读《左传》、《孙子》,后来指挥抗金战争,善于以少击众,总能夺取胜利。明朝后期,戚继光戎马一生,驰骋于抗倭前线,立下了赫赫战功。他的军事理论既来源于《孙子》,又适应军事变革的要求,对《孙子》做出重大发展。

近代以来,伴随着中国近代化的进程,传统军事学逐步过渡到近代军事学,许多政治家、军事家熟悉近代军事理论,同时懂得传统兵法,《孙子》仍发挥着重要作用。如曾国藩、胡林翼等人筹建湘军,镇压太平天国,就充分发扬儒学传统,吸收《孙子》的观点,形成一套军事思想。孙中山作为革命先行者,在从事革命实践过程中,曾经多次研读《孙子》,肯定《孙子》的价值,认为孙武"那十三篇兵书,便是解释当时的战理。由于那十三篇兵书,便成立中国的军事哲学"⑤。毛泽东领导中国革命,从开创井冈山根据地到抗

---

① 《晋书·刘元海载记》。
② 《晋书·刘聪载记》。
③ 《晋书·刘曜载记》。
④ 《旧唐书·李靖传》。
⑤ 《孙中山选集》第 672 页,人民出版社,1956 年。

日战争、解放战争，都能运用近代军事理论，继承和发展孙子思想，统率人民军队从小到大，从弱到强，从挫折走向胜利，直至夺取全国政权，创建一个崭新的国家。

（三）《孙子》与现代社会

历史是过去的现实，现实是历史的延续。在人类历史长河中，任何有价值的思想，都会超越时空局限，直接影响到现代社会。经过2500年流传，《孙子》以其独特的魅力，对人们指导现代战争、参与各种社会竞争活动以及提高个人素质，仍有一定的指导意义。

诚然，现代军事学的发展，已经超越传统军事学，现代将帅的知识结构，与传统将帅差异亦很大。但是，对于现代将帅来说，仍需要了解传统军事，熟悉传统军事学。因为历史和现实之间，有着不可割裂的联系。现代战争是传统战争的延续，现代军事学是传统军事学的发展。作为传统军事学的核心内容，孙子思想的一系列原则，如先知、庙算、全胜、速决、胜战、利动等原则，具有明显的超时代性，可以用来指导现代战争。因此，学习和研究《孙子》，对人们增长军事知识，熟悉军事谋略，提高军事素质，无疑是一个重要途径。

《孙子》的军事谋略，不仅被普遍运用于军事领域，而且经过创造性的转化，在一些富有竞争性的社会活动中，得到广泛的运用。早在战国时期，大商人白圭成名后，给人总结经商之道，曾经坦率地指出："吾治生产，犹伊尹、吕尚之谋，孙吴用兵，商鞅行法是也。是故其智不足与权变，勇不足以决断，仁不能以取予，强不能有所守，虽欲学吾术，终不告知矣。"①据此可知，白圭的成功秘诀，就在于借鉴前人的经验，像伊尹、吕尚的谋略，孙子、吴起的兵法，

---

① 《史记·货殖列传》。

商鞅治国的制度,都是他借鉴的内容。在白圭的眼里,经商者要有高素质,智慧够不上随机应变,勇气够不上果敢决断,仁德不能够正确取舍,强健不能够有所坚守,都不可能经商致富。

俗话说:商场如战场,商战如兵战;经销如用兵,竞争如战争。尽管说得未必准确,但表明战争和竞争、商战和兵战之间,有着惊人的相似处。仅就孙子思想而言,有许多军事原则和谋略,可以创造性地运用于经营管理领域。如企业经营决策,就可以参考战争决策;人力资源开发和管理,就可以参考军队编制和管理;市场竞争,就可以参考战争指导原则。军事原则可以转化为管理原则,军事谋略可以转化为经营谋略。甚至参与股市投资者,因为炒股被当作庄家与散户的较量,借鉴一点孙子思想,也会收到独特效果。

除经营管理方面外,在其他社会活动领域,也可以运用孙子思想。战争是流血的政治,政治是不流血的战争,孙子思想对人们参与各种政治活动,具有很大的指导作用;外交是一种国际关系手段,服务于一定的政治、经济和军事目的,可以从《孙子》汲取必要的养料;体育竞技作为一种相互比赛、争取优胜的活动,无论是个人的较量,还是群体的对抗,都有战略战术问题,与战争指导相一致,需要熟悉孙子思想;高等教育的根本目的,在于传授理论知识,培养实际能力,若能重视孙子思想,对于提高人文素质,造就合格人才,将会产生积极作用。

倘若面向未来世界,俯瞰人类文明的进程,我们已经经历两次军事变革:传统军事变革和现代军事变革。前者与农业革命相连,后者与工业革命相伴。我们有充足的理由相信:与知识革命相伴随的未来军事变革,是一场更深刻的军事变革。农业社会的战争是以冷兵器为工具的群体格斗,工业社会的战争是以火器为手段的大规模毁灭,知识社会的战争是以高新技术为基础的全方位对抗。《孙子》作为人类的共同财富,以其深邃辩证的军事思想,博大缜密的理论体系,有助于促进人类文明进步。

(四)《孙子》的广泛传播

《孙子》作为现存最早的军事著作,不仅是中国人民极其珍贵的文化遗产,而且经过千百年来的广泛传播,已经成为世界人民共同的精神财富。

早在唐朝前期,《孙子》最先传入朝鲜半岛,并通过百济人传到日本①。唐玄宗开元二十三年(735),日本遣唐使吉备真备(693～775)结束留学生活,返回日本,带去《孙子》、《六韬》等军事著作,并进入太宰府传授。明朝中期以后,《孙子》在日本上层社会备受推崇,得到广泛的传播、研究和应用,涌现出武田信玄、德川家康、林罗山、北条氏长、山鹿素行、新井白石、吉田松阴等大批孙子学者,推动了日本孙子学的发展。明清之际,西方传教士来中国开展传教活动,把中国与西方的文化交流从物质层面带入知识层面,从而关注到中国传统军事学。清乾隆三十七年(1772),法国传教士约瑟夫·阿米奥(1718～1793)使用法语翻译出版了《孙子》,开辟了孙子思想在西方传播的道路。从此以后,《孙子》相继被翻译成俄、英、德、意、捷克、罗马尼亚、希腊、丹麦、西班牙、希伯来等语言文本,并连同阿拉伯、印度、泰米尔、印尼、朝鲜、越南、缅甸、泰国、马来语等语言文本,在世界各国得到更广泛的传播。

世界军事学的发展,迄今经历了三个时期:从公元前6世纪到18世纪末期是古代军事学时期,从19世纪初期到20世纪中期是近代军事学时期,第二次世界大战结束以来是现代军事学时期。人们通常认为:《孙子》是古代军事学的代表作,克劳塞维茨的《战

---

① 参见佐藤坚司:《孙子研究在日本》第2页,高殿芳等译,军事科学出版社,1993年。

争论》则是近代军事学的代表作。纵观世界军事学的历史,中国军事学在古代处于领先地位,西方军事学则在近代处于领先地位。中国历代军事学家凭借富有特色的理论建树,为世界军事学做出了重大贡献。

《孙子》、《战争论》两部著作,尽管代表着不同的时代,在军事思想方面有着较大的差异,但人们还是习惯把它们放在一起,加以比较说明。英国战略学家利德尔·哈特曾经指出:"在过去的所有的军事思想家中,唯有克劳塞维茨可以与孙子相提并论。然而,克氏著书立说的时间虽比孙子晚两千多年,但他在观点上却比孙子落后,而且有些观点已经过时。相比之下,孙子看问题更加敏锐,更加深刻,他的学说具有不朽的生命力。"[①]美国战略学家约翰·柯林斯认为:"孙子是古代第一个形成战略思想的伟大人物。《孙子》十三篇可与历代名著包括2200年之后克劳塞维茨的著作媲美。今天没有一个人对战略的相互关系、应考虑的问题和所受的限制比他有更深刻的认识。他的大部分观点在我们的当前环境中仍然具有和当时同样重大的意义。"[②]正是因为如此,当代一些超级大国在制定国家战略、处理国际事务的时候,仍要借鉴《孙子》的观点。

七 怎样读《孙子》

如上所述,《孙子》有着独特的魅力,因而能够流传至今,深受广大读者的喜爱。目前,正处于新文化建设时期,人文社会学科不断进步,国学研究日趋高涨,在各个社会领域里,具有不同知识背

[①] 军事科学院译:《军事战略》第15页,军事科学出版社,1986年。
[②] 军事科学院译:《大战略》第3页,战士出版社,1978年。

景的人，对于阅读《孙子》有着不同的期望和要求，自然就有不同的读法：或是一般的了解，或是深入的研究；或是偏重某个观点，或是关注整个体系；或是强调学术探讨，或是注重实际应用，看起来是千差万别。不过，从总体上来说，要想读懂《孙子》，必须认准孙子学的位置，廓清孙子学的误区，熟悉孙子学的内容，掌握孙子学的方法，这是一个基本要求。

中国军事学发展史，依据不同的学术趋向，可以分出三个层次。第一个层次是孙子学。2500年来，《孙子》犹如一条红线，贯穿中国军事史的全过程，不仅在军事实践方面发挥着重要的指导作用，而且对传统军事学产生过重大的影响。第二个层次是武经研究。兵家有《武经七书》，就如同儒家有《五经》、《四书》和《十三经》，道家有《老子》、《庄子》，法家有《韩非子》，纵横家有《鬼谷子》一样。《武经七书》刊行于北宋后期，作为军事学校的基本教材，并被应用于武举考试，因而备受人们的关注，对传统军事教育和军事学的发展有着特殊的作用。第三个层次是对所有军事著作的研究。除《武经七书》之外，还有一大批军事著作，探讨战争、战争指导和军队建设问题，从各个侧面反映出传统军事学的成就。这三个层面相比较，孙子学与传统军事学的发展相始终，成为中国军事学史的核心内容。

然而，中国孙子学的发展，受到观念和方法的局限，长期存在不少误区。如对于《孙子》的考证，随意推断为伪托之作，构成孙子伪作说；对于《孙子》的理解，只是看到诡诈一面，构成孙子诡诈说；对于《孙子》的评价，任意夸大成空前绝后，构成孙子巅峰说。这些不准确的说法，作为传统学术的延续，有害于孙子学研究，必须首先加以廓清。

自从宋代以来，随着疑古风气的流行，形成一种辨伪的学问，许多古籍被判为伪作，《孙子》更是屡遭质疑。如叶适认为：《孙子》是"春秋末战国初山林处士所为,其言得用于吴者,其徒夸大之说也"①。直到清朝前期,还有不少学者坚持孙子伪作说,如姚鼐认为:"世所有论兵书,诚为周人作者,惟《孙武子》耳,而不必为武自著,若其余皆伪而已。"②民国时期,梁启超清理伪书,仍认为"《孙子》十三篇,旧题孙武作,不可信,当是孙膑或战国末年人书"③。钱穆考辨先秦诸子,也认为孙武"其人与书,皆出后人伪托","《孙子》十三篇洵非春秋时书,其人则齐之孙膑而误。"④这些"考据"的结果,对于孙子学的发展,无疑是严重的障碍。

历史上,《孙子》作为武经之首,一方面因为戡乱救亡的需要,受到统治阶级的重视,另一方面,囿于传统政治、道德观念,又遭到严厉的贬斥。如宋代陈师道认为:"夫槜李之战,斗事也;孙吴之书,盗术也,不足陈于王者之前。"⑤叶适认为:"非诈不为兵,盖自孙武始",近世"天下好奇之士,奋笔墨以傅益武之说而为书者数十百家,而号孙子为谈兵之祖,其气焰兴起于百世之下,若将与圣贤并称者。噫!人心之不仁至此极欤。"⑥清代汪绂认为:"握奇制变,孙子为最;而正大昌明,孙子为下。"⑦姚鼐认为:"是书所言皆战国事尔。其用兵法,乃秦人以虏使民法也,不仁之言也。"⑧这些认识的误区,对于孙子学的发展,只会产生负面的作用。

照理说,《孙子》作为武经之首,应该受到特别尊重,但若拔高

---

① 叶适:《习学记言》卷46。
② 姚鼐:《惜抱轩全集·文集》卷5《读〈司马法〉〈六韬〉》。
③ 梁启超:《中国近三百年学术史》,《梁启超全集》第15卷第4561页,北京出版社,1999年。
④ 钱穆:《先秦诸子系年考辨·孙武辨》,商务印书馆,2001年。
⑤ 陈师道:《后山集》卷14《拟御试武举策》。
⑥ 叶适:《水心别集》卷4《兵权上》。
⑦ 汪绂:《戊笈谈兵·司马吴孙总论》。
⑧ 姚鼐:《惜抱轩全集·文集》卷5《读〈司马法〉〈六韬〉》。

《孙子》，把它当作灵丹妙药，就不足为训了。北宋后期以来，有些统治者迷信经典，完全依赖《武经七书》，甚至仅凭一部《孙子》，就想培养国家的栋梁，显然是过于奢望。实际上，孙子思想也有一定局限性，根本无法穷尽真理。诚如论者所言，《孙子》乃"辅"国之一经，而非"主"国之全术，并不是无所不包，无所不能。就治理国家而言，"武经"不能代替"文典"，"文典"不能代替"武经"，两者必须兼备。具体到"仁德"和"诡道"，本为两种治国方式，诡诈施之于敌，仁信施之于己，两者不可偏废①。倘若不加以区分，随意滥用孙子思想，必然会招致祸害。

何况在中国历史上，每个时代都有军事学家，承继前人的学术成果，探索战争、战争指导和军队建设问题，不断开拓军事学研究领域。如张预编撰《百将传》，评论军事人物的得失；陈傅良编撰《历代兵制》，论述军事制度的演变；戚继光编撰《纪效新书》、《练兵实纪》，探究军队建设原则和方法；郑若曾编撰《筹海图编》，讨论明代海防战略问题；焦勖编撰《火攻挈要》，说明火器制作和使用方法；顾祖禹编撰《读史方舆纪要》，阐发军事战略地理问题，都在一定的程度上突破了《孙子》的框架。这一系列军事著作，不属于孙子学的内容，但为了读懂《孙子》，也应该有所了解。

孙子学的内容，大抵包括以下七项。1.孙武的生平，指孙武生活的整个过程，生于何时何地？做过什么事情？死于何时何地？2.《孙子》的成书，指孙武撰写《孙子》的过程及其社会背景、文化氛围和学术基础。3.《孙子》的文本，指《孙子》流传于世的各种文本及其异同。4.《孙子》的本义，主要指《孙子》十三篇所表达的观点和思想。5.《孙子》的引申，指后人从《孙子》推衍出来的新见

---

① 参见于汝波主编：《孙子兵法研究史》第56－57页，军事科学出版社，2001年。

解。6.《孙子》的传播,指《孙子》在中国历代和世界各国传播的情形。7.《孙子》的影响,指《孙子》对人类历史、现实生活和未来社会所起的作用。对一般读者来说,不一定要弄懂所有问题,可根据个人的期望,做出不同的取舍。

与传统学术一致,孙子学有两种方法:一是我注《孙子》,一是《孙子》注我。前者是发挥注释的作用,探究《孙子》的本义,主要偏重于训诂;后者是利用注释的形式,阐发个人的见解,主要偏重于义理。对孙子学研究来说,这两者犹如车之两轮,具有同等功能和价值,不能随意偏废。无论是我注《孙子》,还是《孙子》注我,都处于学术研究层面。较之生动有趣的是,我们阅读《孙子》,不只是徜徉在学术园地,更要准确掌握孙子思想,把它加以创造性的转化,运用到社会实践中间,去创造美好的未来。

当然,要想读懂《孙子》,还必须了解《孙子》的版本,克服阅读《孙子》的文字障碍。从春秋末期以来,《孙子》流传2500年间,主要有三个版本:一是汉简本,即在银雀山汉墓发掘的竹简本,是目前所见最早的版本;二是十一家注本,即宋代对曹操等11家注释的汇编,是一种注释较完备的版本;三是武经七书本,作为宋刊《武经七书》的部分内容,是一种流传较广泛的版本。这三个版本中间,前者因长期埋藏和破损,已经残缺不全,后两者内容大体相同,只有个别文字差异。此外,在日本还有樱田本,即樱田迪家收藏的版本,据考证似为唐代传本,可以用作参考资料。

《孙子》作为先秦著作,在文字表述方面具有独特的习惯,不仅一字常有多种意思,而且某些字的使用与现代汉语不同,具有特殊的涵义。例如"道"字,《九地篇》谓"由不虞之道",是指道路;《谋攻篇》谓"治胜之道",是指方法;《形篇》谓"修道而保法",是指政治;《地形篇》谓"料敌制胜,计险阨远近,上将之道",则指职责。这说明同一个字会有多种意思。又如"胜"字,《虚实篇》谓

"兵因敌而制胜",是指胜利;《计篇》谓"兵家之胜",是指制胜诀窍;《作战篇》谓"兵贵胜,不贵久",是指速战速胜;《谋攻篇》谓"将不胜其忿",是指克制;《势篇》谓"不可胜观"、"不可胜尝",则指全部。这说明同一个字古今用意有所不同。所以,要想读懂《孙子》,必须熟悉古代汉语,有一定的文字功底。

早在600年前,刘寅研究《武经七书》,曾经提醒读者:"兵书是戡定祸乱之道,有国者不可不讲,为将者不可不学。兵书全在道、天、地、将、法五事,虽汤武亦不难此。读兵书,要活泼泼地如珠走盘中,无一定之理。读兵书,要将古来名将行过事迹体贴分晓,何人用此而胜,何人不用此而败,庶有益。读兵法,不可易言之,若易言之,则为赵括之谈兵矣。读兵书,先要识得虚实,后要会用奇正。读兵书,要知变,但知常而不知变,犹刻舟而求剑,何益于事?读兵书,将'攻其无备,出其不意'两句仔细思量。读兵书,要知'多方以误之'之法。读兵书,才晓些皮肤,便说道他知兵,只是自欺。"①这样反复提醒,算是一份叮咛。

最后,特别说明的是,本书正文的编撰,以《十一家注孙子》为底本,参考汉简本和武经本,就一些难读的文字和语句做出简要的注释。然而《孙子》流布既久,历代注家甚多,各种文本并存,遂使注释难免不周,谨望读者指正。

八 校注说明

(一)本书采用中华书局1961年影宋本《十一家注孙子》作底本。

(二)本书的注释,参校1985年文物出版社《银雀山汉墓竹简

---

① 《武经直解》卷首《读兵书法》,兹仅摘录其中10条方法。

（壹）·孙子兵法》（简称"汉简本"）、中华学艺社影宋刻武经七书本《孙子》（"武经本"），有较大出入之处，则在注释中说明。

（三）根据原文意思，每篇分出若干段，每段前标明序号。

（四）本书的注释，务求通俗简明，以文字注解为主，必要时通释全句，生僻字加注汉语拼音。

（五）参考相关研究成果，若有明确的异说，则用"一说"注明。

计

孙子曰:兵者①,国之大事,死生之地,存亡之道②,不可不察也③。

[**注释**]①兵:兵器、士卒、军队、战争,此指战争。 ②死生之地,存亡之道:谓战争关系到民众的生死、国家的存亡。地,处,处所。道,路,道路,引申为途径。 ③察:考察、研究。

故经之以五事①,校之以计②,而索其情③:一曰道④,二曰天⑤,三曰地⑥,四曰将⑦,五曰法⑧。

[**注释**]①经:度量、推测。五事:汉简本作"五",指决定战争胜败的五种条件。 ②校:通"较",比较。计:计划、计算,或指"七计",即下文"主孰有道"等七个方面。 ③索:寻求、求索。 ④道:此指政治,一说即"导",教导。 ⑤天:天候、天时。 ⑥地:地理。 ⑦将:将领。 ⑧法:法令、法制。

道者,令民与上同意也①,故可以与之死,可以与之生,而不畏危②。天者,阴阳、寒暑、时制也③。地者,远近、险易、广狭、死生也④。将者,智、信、仁、勇、严也⑤。法者,曲制、官道、主用也⑥。凡此五者,将莫不闻⑦,知之者胜,不知者不胜。

[注释]①上:指国君、君主。同意:意愿相同、统一意志。 ②不畏危:汉简本作"弗诡",不疑。 ③阴阳:指昼夜、阴晴等。时制:指四季的更替。④远近:路程的远近。险易:险要或平坦,指地势。广狭:广阔或狭窄,指战场。死生:死地或生地,谓有利于进攻或防守。 ⑤智:智谋。信:诚信。仁:仁爱。勇:勇敢。严:严明。 ⑥曲制:军队的组织和编制。官道:指各级将吏的职责和管理。主用:军用物资的配备和使用。 ⑦闻:知道、了解。

故校之以计,而索其情,曰:主孰有道①?将孰有能?天地孰得?法令孰行?兵众孰强②?士卒孰练?赏罚孰明?吾以此知胜负矣。

[注释]①孰:谁、哪个、哪一方。 ②兵众:各种武器装备,一说指三军将士。

将听吾计①,用之必胜,留之②;将不听吾计,用之必败,去之③。

[注释]①将:如果、假若;一说指将军,即指吴王阖闾。听:听从、采纳。②留:留下。 ③去:离去。

计利以听①,乃为之势,以佐其外②。势者,因利而制权也③。

[注释]①本句谓有利的作战方略已经被采纳。以,通"已",已经。②佐:辅助、辅佐。 ③因利而制权:根据有利的条件,制订灵活的措施。权,权变、权宜,引申为权谋。

兵者,诡道也①。故能而示之不能②,用而示之不用,近而示之远,远而示之近。利而诱之③,乱而取之④,实而备之⑤,强而避之,怒而挠之⑥,卑而骄之⑦,佚而劳之⑧,亲而离之⑨。攻其无备,出其不意。此兵家之胜⑩,不可先传也⑪。

[注释]①诡道:诡秘多变的方式。 ②示:显示、表现。 ③利:指敌人贪利。 ④乱:指敌人处于混乱状态。 ⑤实:指敌人力量强大,或处于高度戒备状态。 ⑥怒:指敌人骄横傲慢,容易被激怒;一说指士气旺盛。挠:挑逗、招惹,一说指委屈。 ⑦卑:指敌人卑怯,一说指我方故作谦卑。骄:骄傲、傲慢,此指使敌人骄横。 ⑧佚:通"逸",安闲、安逸,此指敌人休整充分,处于安闲状态。劳:劳顿、劳苦,此指使敌人疲惫。 ⑨亲:指敌人内部和睦,上下融洽。离:挑拨离间。 ⑩胜:指克敌制胜的奥妙。 ⑪传:传扬、泄露。

夫未战而庙算胜者①,得算多也②;未战而庙算不胜者,得算少也。多算胜,少算不胜,而况于无算乎③!吾以此观之,胜负见矣④。

[注释]①庙算:指战争策划。春秋时期,出兵打仗之前,要在庙堂举行仪式,商议作战方略,预测战争胜败,故称庙算。 ②得算多:指取得胜利的条件较多。 ③无算:没有胜利的条件。 ④见:同"现",显现、凸现。

作　　战

　　孙子曰:凡用兵之法,驰车千驷①,革车千乘②,带甲十万③,千里馈粮④;则内外之费⑤,宾客之用⑥,胶漆之材⑦,车甲之奉⑧,日费千金,然后十万之师举矣⑨。

　　[注释]①驰车:一种快速轻便的战车。驷:一车套四匹马,即辆。　②革车:一种运输军用物资的兵车。乘:音 shèng,即辆。　③带甲:穿戴盔甲的士卒,泛指军队。　④馈:运送、供给。　⑤内外:指前方和后方。　⑥宾客:指诸侯国的使节。　⑦胶漆之材:指制作和维修各种武器装备的物资。⑧车甲:车辆和盔甲,泛指各种武器装备。奉:通"俸",此指各种费用。⑨举:出动、行动。

　　其用战也胜①,久则钝兵挫锐②,攻城则力屈③,久暴师则国用不足④。夫钝兵挫锐,屈力殚货⑤,则诸侯乘其弊而起⑥,虽有智者,不能善其后矣。

　　[注释]①胜:指贵速胜。　②久:指持久战。钝:汉简本作"顿",二字相通,疲惫、困顿。　③屈:音 jué,折损、竭尽。　④暴师:陈兵于野外。暴,同"曝",暴露。　⑤殚货:财力枯竭。殚:音 dān,耗尽、枯竭。货:货物、财货。⑥弊:缺陷、弊端。起:指起事。

故兵闻拙速①,未睹巧之久也②。夫兵久而国利者,未之有也。故不尽知用兵之害者,则不能尽知用兵之利也。

[注释]①拙速:笨拙的速决战。 ⑧巧之久:巧妙的持久战。

善用兵者,役不再籍①,粮不三载②;取用于国③,因粮于敌④,故军食可足也。

[注释]①本句谓不会再次按册征发兵役。役,兵役。籍,登记册,指征发。 ②载:运载、运送。 ③用:指各种军用物资。 ④因粮于敌:粮草依靠敌国补充。因,凭借、依靠。

国之贫于师者远输①,远输则百姓贫。近于师者贵卖②,贵卖则百姓财竭,财竭则急于丘役③。力屈财殚,中原内虚于家④,百姓之费,十去其七;公家之费,破车罢马⑤,甲胄矢弩,戟楯蔽橹⑥,丘牛大车⑦,十去其六。

[注释]①贫于师:因为军队而贫困,一说作"远于师",谓军队去国较远,与下文"近于师"相对应。远输:远程运输,汉简本作"远者",当属下句。 ②贵卖:高价出售,此指物价上涨。 ③丘役:按丘征发的军赋。丘,春秋时期的地方组织,一丘有十六井,应出战马一匹、牛三头。 ④此二句汉简本作"屈力中原,内虚于家",谓战场上兵力耗尽,国内就家家空虚。 ⑤破车:战车损坏。罢马:战马疲惫。罢,音 pí,同"疲"。 ⑥楯:同"盾"。蔽橹:一种用作屏蔽的大盾牌。 ⑦丘牛:按丘征发来的牛。

故智将务食于敌①,食敌一钟②,当吾二十钟;萁秆一石③,当吾二十石。

[注释]①务食于敌:务求就食于敌国。 ②钟:春秋时期的计量单位,一钟等于六十四斗。 ③萁:同"萁",豆秸。秆:禾茎。石:一种重量单位,一石等于一百二十斤。

故杀敌者,怒也①;取敌之利者,货也②。故车战,得车十乘已上③,赏其先得者,而更其旌旗④,车杂而乘之⑤,卒善而养之⑥,是谓胜敌而益强⑦。

[注释]①怒:愤怒、恼怒,此指同仇敌忾。 ②货:财物、货物,此指用财物行赏。 ③已上:以上。已,同"以"。 ④更:更换、改变。 ⑤杂:掺杂、混合。 ⑥卒:士卒,此指俘虏。善:优待、善待,汉简本作"共'。 ⑦胜敌而益强:谓战胜敌人而使自己更加强大。

故兵贵胜,不贵久。故知兵之将,生民之司命①,国家安危之主也②。

[注释]①生民:民众。司命:星名,古时以为主命,此喻命运的操纵者。 ②主:主宰者。

谋　攻

孙子曰:凡用兵之法,全国为上①,破国次之②;全军为上③,破军次之;全旅为上,破旅次之;全卒为上,破卒次之;全伍为上,破伍次之。是故百战百胜,非善之善者也④;不战而屈人之兵⑤,善之善者也。

[注释]①全:保全。国:指国都、城邑。　②破:攻破、打垮。　③军:与下文"旅"、"卒"、"伍"同为军队编制单位。西周时期,一万二千五百人为一军,五百人为一旅,一百人为一卒,五人为一伍。春秋时期以后,各诸侯国国情不同,军队编制也不一样。　④善之善者:最高明的人。　⑤本句谓不经过作战而使敌人屈服。

故上兵伐谋①,其次伐交②,其次伐兵③,其下攻城。

[注释]①上兵:战争的上策。伐谋:以谋略制服敌人。　②伐交:以外交手段战胜敌人。交:交往、结交。　③伐兵:以军事手段战胜敌人。

攻城之法,为不得已。修橹轒辒①,具器械②,三月而后成,距闉③,又三月而后已。将不胜其忿而蚁附之④,杀士三分之一,而城不拔者,此攻之灾也。

[注释]①修:修造、制作。 橹:大盾牌。 轒辒:音 fén wēn,一种攻城用的四轮车,可以掩护士卒,运土填塞城壕。 ②具:准备、办置。 ③距:亦作"拒",通"具"。 堙:音 yīn,通"堙",土山。 ④蚁附:形容士卒像蚂蚁一样攀爬城墙。

故善用兵者,屈人之兵而非战也①,拔人之城而非攻也②,毁人之国而非久也③,必以全争于天下,故兵不顿而利可全④,此谋攻之法也。

[注释]①非战:指不需要交战。 ②拔:夺取、攻取。非攻:指不依靠强攻。 ③非久:指不旷日持久。 ④顿:疲惫、受挫。

故用兵之法,十则围之①,五则攻之,倍则分之②,敌则能战之③,少则能逃之④,不若则能避之。故小敌之坚⑤,大敌之擒也⑥。

[注释]①十则围之:有十倍的兵力,就要围困敌人。 ②倍:指两倍的兵力。分:指分散敌人,一说当作"战"。 ③敌:匹敌,势均力敌。战:一说当作"分"。 ④逃:指摆脱敌人。 ⑤坚:固执、坚持,此指死守硬拼。 ⑥擒:捉拿、擒获,此指俘虏。

夫将者,国之辅也①。辅周则国必强②,辅隙则国必弱③。

[注释]①辅:辅助、辅佐。 ②周:周密、周全。 ③隙:漏洞、缺陷。

故君之所以患于军者三①:不知军之不可以进而谓之进②,不知军之不可以退而谓之退,是谓縻军③。不知三军之事,而同三军之政者④,则军士惑矣。不知三军之权,而同三军之任⑤,则军士疑矣。三军既惑且疑,则诸侯之难至矣。是谓乱军引胜⑥。

[注释]①患:祸害。 ②谓:说、告诉,此指使、指使。 ③縻军:束缚军队。縻:音mí,系牛绳,引申指羁縻、束缚。 ④同:共同,此指参与、干涉。一说当作"司"。政:指军事事务。 ⑤权:权变、权宜,一说指权势、权威。任:职任、职责。 ⑥乱军引胜:扰乱自己的军队而导致敌人的胜利。

故知胜有五:知可以战与不可以战者胜,识众寡之用者胜,上下同欲者胜①,以虞待不虞者胜②,将能而君不御者胜③。此五者,知胜之道也。

[注释]①同欲:意愿相同。 ②虞:警惕、防备,此指有准备。 ③御:驾驭、支配,此指牵制、制约。

故曰:知彼知己者,百战不殆①;不知彼,而知己,一胜一负②;不知彼,不知己,每战必殆。

[注释]①殆:危险、失败。 ②一胜一负:胜败各占一半,没有必胜把握。

形

孙子曰:昔之善战者,先为不可胜①,以待敌之可胜。不可胜在己,可胜在敌。故善战者,能为不可胜,不能使敌之可胜②。故曰:胜可知而不可为③。

[注释]①不可胜:指不可被敌人战胜。下文"可胜",指可以战胜敌人。②之:一说当作"必"。 ③本句谓胜利可以预见,但不可以强求。

不可胜者,守也;可胜者,攻也。守则不足,攻则有余①。善守者,藏于九地之下②;善攻者,动于九天之上③,故能自保而全胜也④。

[注释]①守则不足,攻则有余:防御是因为胜利的条件不充分,进攻是因为具备战胜敌人的条件。汉简本作"守则有余,攻则不足"。 ②九地:最深的地层,意谓深不可探。九,常用来表示数的极点。 ③九天:最高的天空,意谓高不可测。 ④自保而全胜:保全自己并取得全胜。

见胜不过众人之所知①,非善之善者也;战胜而天下曰善,非善之善者也。故举秋毫不为多力②,见日月不为明目,闻雷霆不为聪耳。

[注释]①见胜:预见胜利。不过:未超过。 ②秋毫:鸟兽在秋天长出的新毛,比喻事物非常细小轻微。

古之所谓善战者,胜于易胜者也①。故善战者之胜也,无智名,无勇功。故其战胜不忒②。不忒者,其所措必胜③,胜已败者也④。故善战者,立于不败之地,而不失敌之败也⑤。

[注释]①胜于易胜:战胜易被战胜的敌人,谓胜利来得很容易。 ②不忒:不出差错,很有把握。忒,差错、失误。 ③措:处置、采取措施。 ④已败者:指已经处于失败地位的敌人。 ⑤本句谓使自己立于不会失败的地位,而不放过使敌人失败的机会。

是故胜兵先胜而后求战①,败兵先战而后求胜②。善用兵者,修道而保法③,故能为胜败之政④。

[注释]①先胜:先创造战胜敌人的条件。 ②求胜:期求胜利,此含侥幸取胜之义。 ③修道:指修明政治,使上下同心。保法:指保证法令的执行。 ④政:决定、主宰,此指战争主动权;汉简本作"正",二字相通。

兵法:一曰度①,二曰量②,三曰数③,四曰称④,五曰胜⑤。地生度,度生量,量生数,数生称,称生胜⑥。

[注释]①度:度量,指土地面积的大小。 ②量:容量,指物资资源的多少。 ③数:数量,指可以动员的兵力。 ④称:衡量、权衡,指敌我双方力量的对比。 ⑤胜:胜利,此指战争胜败的形势。 ⑥本句谓敌我双方力量的对比决定战争胜败的形势。

故胜兵若以镒称铢①,败兵若以铢称镒。胜者之战民也②,若决积水于千仞之谿者③,形也④。

[**注释**]①以镒称铢:比喻以绝对优势对付绝对劣势。镒、铢:两种重量单位,一镒等于二十四两(一说二十两),一两等于二十四铢。下文"以铢称镒",则谓以绝对劣势对付绝对优势。 ②胜:汉简本作"称胜"。战民:指指挥士卒作战。 ③千仞:形容极高的地方。仞,一种长度单位,一仞等于八尺。 ④形:形状、形态,此指军事力量。

势

孙子曰:凡治众如治寡①,分数是也②。斗众如斗寡③,形名是也④。三军之众,可使必受敌而无败者⑤,奇正是也⑥。兵之所加,如以碬投卵者⑦,虚实是也⑧。

[注释]①治:治理、统辖。众、寡:指兵力的多少。 ②分数:指军队组织和编制。 ③斗:指指挥作战。 ④形名:军队使用的旌旗、金鼓等指挥工具,此指指挥、号令。形,即以视觉信号传达命令;名,即以音响信号传达命令,一说指法制。 ⑤必受敌:一旦遭受敌人攻击。必:倘若,一旦;汉简本作"毕",指全部、所有。 ⑥奇正:奇兵和正兵。古代指挥作战的不同方法,其含义很广,如先出动为正兵,后出动为奇兵;正面当敌为正兵,侧翼出击为奇兵。 ⑦以碬投卵:即以石击卵。碬,音 duàn:磨刀石。 ⑧虚实:指强弱、众寡、真假等。

凡战者,以正合,以奇胜①。故善出奇者,无穷如天地,不竭如江河。

[注释]①此二句谓以正兵当敌,以奇兵制胜。合:会合、交战。

终而复始,日月是也;死而复生,四时是也。声不过五,五声之变①,不可胜听也。色不过五,五色之变②,不可胜观也。味不过五,五味之变③,不可胜尝也。战势不过奇正,奇正之变,不可胜穷也。奇正相生④,如循环之无端⑤,孰能穷之?

[注释]①五声:宫、商、角、徵(zhī)、羽五个音阶。 ②五色:青、红、黄、白、黑五种颜色。 ③五味:苦、甜、酸、辣、咸五种味道。 ④相生:与"相克"相对应,指相互联系、相互转化。 ⑤循环:顺着圆环旋转,比喻事物变化无穷;汉简本无"循"字。端,起点、终点。

激水之疾①,至于漂石者,势也。鸷鸟之疾②,至于毁折者③,节也④。是故善战者,其势险,其节短,势如彍弩⑤,节如发机⑥。

[注释]①激水:湍急的流水;汉简本无"激"。疾:急速、猛烈。 ②鸷鸟:一种凶猛的鸟,如鹰、雕之类。 ③毁折:指扑杀猎物。 ④节:节奏、节律。 ⑤彍弩:张满弩机。彍,音guō,拉开弓弦。 ⑥发机:触发扳机。机,弩上发箭的扳机。

纷纷纭纭①,斗乱而不可乱也②。浑浑沌沌③,形圆而不可败也④。

[注释]①纷纷纭纭:形容纷乱杂沓的场面。 ②斗乱:指在纷乱状态下作战。 ③浑浑沌沌:形容混迷不清的场面。 ④形圆:指战阵不见首尾,能够应付自如。

乱生于治,怯生于勇,弱生于强。治乱,数也①;勇怯,势也②;强弱,形也③。

[**注释**]①数:又称"分数",指军队组织和编制。　②势:指士气造成的作战态势。　③形:指敌我双方力量对比。

　　故善动敌者①,形之②,敌必从之;予之,敌必取之。以利动之,以卒待之③。

[**注释**]①动敌:调动敌人。　②形:示形,即以假象欺骗敌人。　③以卒待之:预设伏兵,待机破敌。

　　故善战者,求之于势,不责于人①,故能择人而任势②。任势者,其战人也③,如转木石。木石之性,安则静,危则动④,方则止,圆则行。故善战人之势,如转圆石于千仞之山者,势也⑤。

[**注释**]①责:责备、责令、责求,此含苛求之义。　②择人:释人,不依赖于个别人。一说择指选择人才。任势:利用作战态势。　③战人:如上篇作"战民",指指挥士卒作战。　④以上三句谓木头、石头的特性,是放在平坦之处就比较稳定,放在陡斜之处就容易滚动。　⑤势:指要充分发挥战斗力所造成的有利态势。

虚　实

孙子曰:凡先处战地而待敌者佚①,后处战地而趋战者劳②。故善战者,致人而不致于人③。能使敌人自至者,利之也;能使敌人不得至者,害之也。故敌佚能劳之,饱能饥之,安能动之。

[注释]①处:居、占据。　②趋战:仓促应战。趋,疾行、奔赴。　③本句谓调动敌人而不被敌人所调动,或者牵制敌人而不被敌人所牵制。致:招致、引来,引申为调动、牵制。

出其所不趋①,趋其所不意②。行千里而不劳者,行于无人之地也。

[注释]①不趋:指敌人无法救援的地方;汉简本作"必趋",则是"攻其必救"之义。　②汉简本无此句。

攻而必取者,攻其所不守也;守而必固者,守其所不攻也。故善攻者,敌不知其所守;善守者,敌不知其所攻。微乎微乎①,至于无形;神乎神乎②,至于无声,故能为敌之司命。

[注释]①微:微小、细微,此指微妙。　②神:神奇、神秘。

　　进而不可御者,冲其虚也①;退而不可追者,速而不可及也②。故我欲战,敌虽高垒深沟,不得不与我战者,攻其所必救也③;我不欲战,画地而守之④,敌不得与我战者,乖其所之也⑤。

[注释]①冲:攻击、冲击。虚:空虚、薄弱。　②速:迅速、神速;汉简本作"远"。　③必救:指敌人一定会救援的地方。　④本句谓划地为营,即使不设防,就可以守住。　⑤乖其所之:谓改变敌人的进攻方向。乖,违背、背离。

　　故形人而我无形①,则我专而敌分②。我专为一,敌分为十,是以十攻其一也,则我众而敌寡。能以众击寡者,则吾之所与战者,约矣③。

[注释]①形人:指使敌人暴露实情。　②专:与"分"相对,分别指集中与分散、集合与散开。　③约:少而弱,一说指困而屈。

　　吾所与战之地不可知①,不可知,则敌所备者多。敌所备者多,则吾所与战者寡矣。

[注释]①不可知:指不能让敌人知道。

　　故备前则后寡,备后则前寡,备左则右寡,备右则左寡。无所不备,则无所不寡。寡者,备人者也①;众者,使人备己者也②。

[注释]①本句谓兵力弱小,是因为分兵防备敌人。　②本句谓兵力强大,是因为迫使敌人分兵防备。

故知战之地,知战之日,则可千里而会战①。不知战地,不知战日,则左不能救右,右不能救左,前不能救后,后不能救前,而况远者数十里,近者数里乎?

[注释]①会战:指以主力与敌人决战;汉简本无"会"。

以吾度之①,越人之兵虽多②,亦奚益于胜败哉③?故曰:胜可为也。敌虽众,可使无斗④。

[注释]①度:音 duó,揣测、推断。 ②越人:指越国人,春秋后期,越国是吴国的近邻和夙敌;一说指过人。 ③奚:何、岂。益:有益、补益。 ④无斗:指无法用全力作战。

故策之而知得失之计①,作之而知动静之理②,形之而知死生之地③,角之而知有余不足之处④。

[注释]①策:策划、筹算,此指分析判断。得失之计:指与敌方作战计划的优劣。 ②作:动作、作为,此指挑动。动静之理:指敌方作战行动的规律。 ③死生之地:指敌方有利或不利的情形。 ④角:角逐、较量,此指试探性的进攻。

故形兵之极①,至于无形;无形则深间不能窥②,智者不能谋。因形而错胜于众③,众不能知,人皆知我所以胜之形,而莫知吾所以制胜之形。故其战胜不复④,而应形于无穷⑤。

[注释]①形兵:用假象迷惑敌人的方法。 ②深间:深藏不露的间谍。窥:偷看、暗察。 ③错胜于众:把胜利摆在众人面前。错,通"措",放置。 ④战胜不复:谓作战方式灵活多变,每一次取得胜利,都不重复旧的作战方

式。 ⑤应形:适应情况的变化而变化。

夫兵形象水①,水之形,避高而趋下;兵之形,避实而击虚。水因地而制流②,兵因敌而制胜。

[注释]①兵形:指战争指导规律。 ②制流:决定流向。

故兵无常势,水无常形①,能因敌变化而取胜者,谓之神②。故五行无常胜③,四时无常位④,日有短长,月有死生⑤。

[注释]①汉简本无"水"。兵、形:指战争指导规律。 ②神:神奇、神妙,此指用兵如神。 ③五行:金、木、水、火、土五种物质。依照中国古代阴阳五行说,这五种物质存在着相生相胜的关系,因而没有哪一种物质能处于常胜的地位。 ④四时:春、夏、秋、冬四个季节。 ⑤死生:指月亮的出没和圆缺。

军　　争

孙子曰:凡用兵之法,将受命于君,合军聚众①,交和而舍②,莫难于军争③。军争之难者,以迂为直④,以患为利⑤。故迂其途,而诱之以利,后人发,先人至⑥,此知迂直之计者也。

[注释]①合军聚众:征调民众,组成军队。　②交和而舍:指两军对峙。和,和门,即军门;一说指军垒。舍,驻扎、宿营。　③军争:指敌我双方争夺制胜的条件。　④以迂为直:通过迂回的途径达到近直的目的。　⑤以患为利:变不利因素为有利因素。　⑥本句谓比敌人后出发,先到达有利的地点。

故军争为利①,军争为危。举军而争利②,则不及;委军而争利③,则辎重捐④。是故卷甲而趋⑤,日夜不处,倍道兼行⑥,百里而争利,则擒三将军⑦;劲者先,疲者后⑧,其法十一而至⑨;五十里而争利,则蹶上将军⑩,其法半至;三十里而争利,则三分之二至。是故军无辎重则亡,无粮食则亡,无委积则亡⑪。

[注释]①为:是、有。　②举军:指全军带着所有辎重行动。举,全、所有。　③委军:指丢掉笨重的物资器械,轻装前进。委,丢掉、撤下。　④捐:

损失。 ⑤卷甲而趋:卷起铠甲,急速行进。 ⑥倍道兼行:以加倍的行程昼夜不停地行军。 ⑦擒:捉拿、俘虏,此指被敌人俘虏。三将军:上、中、下三军将领,一说应作"三军将",指三军统帅。 ⑧此二句谓强壮的士卒抢先到达,疲弱的士卒就会掉队。 ⑨十一而至:有十分之一的人到达。下文"半至",即有一半的人到达;"三分之二至",即有三分之二的人到达。 ⑩蹶:折损、挫败。上将军:一说应作"上军将",即前军的将领。 ⑪委积:物资储备。

故不知诸侯之谋者,不能豫交①;不知山林、险阻、沮泽之形者②,不能行军;不用乡导者③,不能得地利。

[注释]①豫交:与诸侯结交;《九地篇》作"预交"。豫,通"预",参与。 ②险阻:险要阻隔的地形。沮泽:水草丛生的地带。 ③乡导:向导。乡,通"向"。

故兵以诈立①,以利动②,以分合为变者也③。

[注释]①以诈立:运用诡诈的手段取得胜利。 ②以利动:以是否有利来决定行动。 ③以分合为变:战时兵力的集中与分散,应根据情况变化而变化。

故其疾如风,其徐如林④。侵掠如火⑤,不动如山,难知如阴⑥,动如雷震。掠乡分众⑦,廓地分利⑧,悬权而动⑨。先知迂直之计者胜,此军争之法也。

[注释]①徐:缓慢、迟缓。 ②侵掠如火:进攻时像烈火一样不可阻挡。侵掠,指袭击、攻击;一说指侵入敌境,掠夺财物。 ③难知如阴:隐蔽时像阴云遮天一样难以窥测。 ④掠乡分众:分兵数路,夺取城邑;一说指掠夺财物,分给士卒。 ⑤廓地分利:开拓疆土,应该分别利害,派兵据守要地;一说指夺取土地,分封有功将领。 ⑥悬权:秤锤悬于秤杆,此喻权衡敌我形势。

《军政》曰①:"言不相闻,故为金鼓②;视不相见,故为旌旗。"夫金鼓旌旗者,所以一人之耳目也③。人既专一④,则勇者不得独进,怯者不得独退,此用众之法也。故夜战多火鼓⑤,昼战多旌旗,所以变人之耳目也⑥。

[注释]①《军政》:春秋时期传世的一部军事著作。 ②金鼓:锣和鼓,古代用于指挥军队的工具。 ③一人:统一士卒。 ④专一:指号令统一,行动一致。 ⑤火鼓:汉简本作"鼓金"。 ⑥变:变化、改变,此指适应。

故三军可夺气①,将军可夺心②。是故朝气锐,昼气惰,暮气归③。

[注释]①夺:剥夺、夺取,此指打击、挫伤。气:指军队的士气、斗志。 ②心:指将领的决心、意志。 ③此三句谓军队的士气,初战时比较旺盛,经过一段时间逐渐懈怠,再后就会衰竭。朝、昼、暮,比喻军队交战的不同阶段。

故善用兵者,避其锐气,击其惰归①,此治气者也②。以治待乱③,以静待哗,此治心者也④。以近待远,以佚待劳,以饱待饥,此治力者也⑤。无邀正正之旗⑥,勿击堂堂之陈⑦,此治变者也⑧。

[注释]①惰归:即"惰"、"归"两种情形,指军队士气衰落的时候。 ②治气:掌握军队士气的方法。 ③以治待乱:以我方的严整对付敌人的混乱。治,严整、整齐。 ④治心:掌握军队心理的方法。 ⑤治力:掌握军队战斗力的方法。 ⑥邀:迎击、截击。正正之旗:指军旗整齐、部署得当的敌人。 ⑦堂堂之陈:指实力雄厚、阵容严整的敌人。陈,同"阵"。 ⑧治变:掌握机动变化的方法。

故用兵之法:高陵勿向①,背丘勿逆②,佯北勿从③,锐卒勿攻④,饵兵勿食⑤,归师勿遏⑥,围师必阙⑦,穷寇勿迫⑧,此用兵之法也。

[注释]①高陵勿向:敌人占据高地,就不要去仰攻。向,指仰攻。②背:背靠、依托。逆:迎击。 ③佯北:假装败退。 ④锐卒:士气旺盛的军队,或指装备精良、训练有素的军队。 ⑤饵兵:诱兵,指引诱我方的军队。⑥归师:撤退回营的军队。遏:阻止、拦阻。 ⑦围师必阙:包围敌人时,要留有缺口。阙,通"缺",空缺、缺口。 ⑧穷寇:指陷入绝境的敌人。迫:逼迫。

九　变

孙子曰:凡用兵之法,将受命于君,合军聚众。圮地无舍①,衢地交合②,绝地无留③,围地则谋④,死地则战⑤。途有所不由⑥,军有所不击,城有所不攻,地有所不争,君命有所不受。

[注释]①圮地:难以通行的地区。圮,音 pǐ,毁坏、倒塌。舍:留宿、驻扎。②衢地:四通八达的地区。交合:指与邻国结交,武经本作"合交"。　③绝地:远离国境、粮草匮乏、难以生存的地区。　④围地:四面险阻、出入通道狭窄的地区。　⑤死地:进退两难、非死战难以生存的地区。　⑥途有所不由:有的道路不要通过。途,道路。由,通过、经过。

故将通于九变之利者①,知用兵矣;将不通于九变之利者,虽知地形,不能得地之利矣。治兵不知九变之术,虽知五利②,不能得人之用矣。

[注释]①九变:战时应变的基本方法,一说泛指灵活多变;一说指本篇"圮地无舍"至"地有所不争"九种方法;一说指上篇"高陵勿向"至"穷寇勿迫",加上"绝地无留",也是九种方法。　②五利:指本篇"途有所不由"至"君命有所不受"五种方法。

是故智者之虑,必杂于利害①。杂于利,而务可信也②;杂于害,而患可解也③。是故屈诸侯者以害④,役诸侯者以业⑤,趋诸侯者以利。

[注释]①杂:掺杂、混杂,此指兼顾。 ②务可信:事情能够顺利进行。务,事务、事情。信,通"伸",展开、伸展。 ③患:汉简本作"忧患"。解:解除、化解。 ④害:祸害、威胁。 ⑤役:役使。业:指危险的事情,一说指强大。

故用兵之法,无恃其不来①,恃吾有以待也;无恃其不攻,恃吾有所不可攻也。

[注释]①恃:依赖、倚仗。其:指敌人。

故将有五危:必死①,可杀也;必生②,可虏也;忿速③,可侮也;廉洁④,可辱也;爱民,可烦也。凡此五者,将之过也,用兵之灾也。覆军杀将⑤,必以五危,不可不察也。

[注释]①必死:指有勇无谋,只知道死拼。 ②必生:指临阵胆怯,贪生怕死。 ③忿速:指容易动怒,一触即跳。 ④廉洁:此指清廉好名,洁身自爱。 ⑤覆军杀将:军队覆灭,将帅折损。

行　军

孙子曰:凡处军相敌①:绝山依谷②,视生处高③,战隆无登④,此处山之军也。绝水必远水⑤;客绝水而来⑥,勿迎之于水内,令半济而击之⑦,利;欲战者,无附于水而迎客⑧;视生处高,无迎水流,此处水上之军也。绝斥泽⑨,惟亟去无留⑩;若交军于斥泽之中,必依水草而背众树⑪,此处斥泽之军也。平陆处易⑫,而右背高⑬,前死后生⑭,此处平陆之军也。凡此四军之利,黄帝之所以胜四帝也⑮。

[注释]①处军:处置军队,指在不同条件下指导行军、作战和宿营的方法。相敌:观察敌情,指在不同情况下观察敌情的方法。　②绝:横渡、超越,此指通过。依:依傍、靠近。　③视生处高:在向阳又稍高的地方驻扎。视生,向阳。生,指阳面。　④战隆无登:敌人占据高地,就不要仰攻。隆,指高地。　⑤绝水:指在离江河稍远的地方驻扎。　⑥客:与"主"相对,即进入别国作战的军队。　⑦半济:半渡,指一部分人已经渡过河流。　⑧附:靠近、贴近。迎:指迎击、迎战。　⑨斥泽:盐碱沼泽地带。　⑩惟:宜、应该。亟:急、疾速。　⑪背:背靠、依靠。　⑫平陆处易:在平原要驻扎在平坦的地方。易,平坦、开阔。　⑬右背高:以背靠高地为好,一说指右翼要靠近高地。　⑭前死后生:前面有天然屏障,后面交通补给方便。　⑮四帝:赤帝、白帝、青

帝和黑帝,曾被黄帝征服的四方部落首领。

凡军好高而恶下,贵阳而贱阴,养生而处实①,军无百疾②,是谓必胜。丘陵堤防,必处其阳,而右背之,此兵之利,地之助也③。

[注释]①本句谓驻扎在生活方便和物资充足的地方。生,指便于休养生息的地方。实,指物资比较充足的地方。 ②百疾:泛指各种疾病。 ③地之助:地理条件的辅助作用。

上雨,水沫至,欲涉者,待其定也。凡地有绝涧①、天井②、天牢③、天罗④、天陷⑤、天隙⑥,必亟去之,勿近也。吾远之,敌近之;吾迎之,敌背之。

[注释]①绝涧:两岸陡峭的山涧。 ②天井:四周高、中央低的洼地。③天牢:山险环绕,易进难出的地形,汉简本作"天窖"。 ④天罗:荆棘丛生,难以通行的地带,汉简本作"天离"。 ⑤天陷:地势低洼、泥泞易陷的地方。⑥天隙:两山之间的峡谷。

军行有险阻①、潢井②、葭苇③、山林、翳荟者④,必谨覆索之⑤,此伏奸之所处也⑥。

[注释]①军行:武经本作"军旁"。 ②潢井:低洼积水的地方。 ③葭苇:芦苇丛生的地方。 ④翳荟:草木茂盛的地方。 ⑤覆索:反复搜索。⑥伏奸:埋伏奸细。

敌近而静者,恃其险也;远而挑战者,欲人之进也;其所居易者①,利也。

[注释]①居易:驻扎在平坦地方。

众树动者,来也;众草多障者①,疑也。鸟起者,伏也;兽骇者,覆也②。尘高而锐者③,车来也;卑而广者④,徒来也⑤;散而条达者⑥,樵采也⑦;少而往来者,营军也⑧。

[注释]①多障:指设有许多遮蔽物。 ②覆:覆盖、倾覆,指大举来犯。③锐:尖、直。 ④卑:低下。 ⑤徒:步卒。 ⑥条达:分散而细长明。⑦樵采:打柴;一说当作"薪来"。 ⑧营军:准备扎营。

辞卑而益备者①,进也;辞强而进驱者,退也;轻车先出居其侧者,陈也;无约而请和者,谋也;奔走而陈兵车者②,期也③;半进半退者,诱也。

[注释]①益:更加、加强。 ②陈兵车:汉简本、武经本均作"陈兵",无"车"。 ③期:期待,指期待与我方交战。

杖而立者①,饥也;汲而先饮者②,渴也;见利而不进者,劳也。鸟集者,虚也③;夜呼者,恐也;军扰者,将不重也④;旌旗动者,乱也;吏怒者,倦也;粟马肉食⑤,军无悬瓿⑥,不返其舍者,穷寇也。

[注释]①杖:通"仗",依仗,此谓依仗兵器。 ②汲:从井里打水。③虚:空虚,指没有敌人。 ④不重:指缺少威严,没有魄力。 ⑤粟马肉食:用粮食喂马,杀牲口吃肉。 ⑥瓿:盛水的器具,汉简本作"甄"。

谆谆翕翕①,徐与人言者,失众也;数赏者,窘也②;数罚者,困也;先暴而后畏其众者,不精之至也③;来委谢者④,欲休息也⑤。兵怒而相迎,久而不合⑥,又不相去,必谨察之。

[注释]①谆谆翕翕:形容士卒聚在一起,窃窃私语。 ②窘:窘迫、穷蹙。③精:精明、明察。 ④委谢:派使者来致歉。委,委质。谢,道歉、请罪。⑤休息:指休兵息战。 ⑥合:交战。

兵非益多也①,惟无武进②,足以并力、料敌、取人而已③。夫惟无虑而易敌者④,必擒于人。

[注释]①兵非益多:军队不是越多越好,汉简本作"兵非多益"。 ②武进:恃勇轻敌,轻敌冒进。 ③并力:集中兵力。取人:指取胜于敌人。④易敌:轻视敌人。

卒未亲附而罚之①,则不服,不服则难用也;卒已亲附而罚不行,则不可用也。故令之以文②,齐之以武③,是谓必取④。令素行以教其民⑤,则民服;令不素行以教其民,则民不服。令素行者,与众相得也⑥。

[注释]①亲附:亲近依附。 ②令之以文:用仁德、道义教育士卒。令,教令,指政治思想教育,汉简本作"合"。文,指仁德、道义。 ③齐之以武:用法令、刑罚约束士卒。武,指法令、刑罚。 ④必取:必定取得胜利;一说指取得部下支持。 ⑤素:平素、一贯。 ⑥相得:相互信任,关系融洽。

地　　形

孙子曰:地形有通者①,有挂者②,有支者③,有隘者④,有险者,有远者⑤。

[注释]①通:四通八达。　②挂:指容易进入,难以退出。　③支:指敌我双方据险相持,不利于进攻。　④隘:山间狭窄的谷道。　⑤远:指敌我相距较远。

我可以往,彼可以来,曰通。通形者,先居高阳①,利粮道②,以战则利。可以往,难以返,曰挂。挂形者,敌无备,出而胜之③;敌若有备,出而不胜,难以返,不利。我出而不利,彼出而不利,曰支。支形者,敌虽利我④,我无出也;引而去之⑤,令敌半出而击之,利。隘形者,我先居之,必盈之以待敌⑥;若敌先居之,盈而勿从,不盈而从之。险形者,我先居之,必居高阳以待敌;若敌先居之,引而去之,勿从也。远形者,势均,难以挑战⑦,战而不利。凡此六者,地之道也⑧,将之至任⑨,不可不察也。

[注释]①高阳:向阳较高的地方。　②利粮道:指保持粮道畅通。　③出:出击、进攻。　④利我:指以利诱我。　⑤引而去之:引兵离开敌人。

引,引导、引领。 ⑥盈:满、充满,此指重兵把守。 ⑦挑战:挑动敌人出战。⑧地之道:指利用地形的原则。道,原则、规律。 ⑨至任:极大的责任。至,极、最。

故兵有走者①,有弛者②,有陷者③,有崩者④,有乱者⑤,有北者⑥。凡此六者,非天之灾⑦,将之过也。

[注释]①兵:此指败兵、败军。走:不战而逃、逃跑。 ②弛:松懈、涣散。③陷:失陷、陷落。 ④崩:崩溃、溃散。 ⑤乱:混乱。 ⑥北:败北、战败。⑦天之灾:自然的灾难,武经本作"天地之灾"。

夫势均①,以一击十,曰走。卒强吏弱,曰弛。吏强卒弱,曰陷。大吏怒而不服②,遇敌怼而自战③,将不知其能,曰崩。将弱不严,教道不明④,吏卒无常⑤,陈兵纵横⑥,曰乱。将不能料敌,以少合众,以弱击强,兵无选锋⑦,曰北。凡此六者,败之道也,将之至任,不可不察也。

[注释]①势均:指敌我拥有相同的地形。 ②大吏:高级军吏,一说指小将、副将。 ③怼:音duì,怨恨。自战:擅自出战。 ④教道:教育指导。道,同"导"。 ⑤无常:缺乏纪律,不守常规。常,纪律、常规。 ⑥陈兵纵横:列队布阵,杂乱无章。 ⑦选锋:挑选出来的先锋部队。

夫地形者,兵之助也①。料敌制胜,计险厄远近②,上将之道也③。知此而用战者必胜④,不知此而用战者必败。

[注释]①兵之助:用兵作战的辅助条件。 ②计:计算、估计。险厄:险要险隘,一作"险易"。 ③上将:高明的将领。 ④用战:指挥作战。

故战道必胜①,主曰无战,必战可也;战道不胜,主曰必战,无战可也。故进不求名,退不避罪,惟人是保②,而利合于主③,国之宝也④。

[**注释**]①战道:指战争指导规律。 ②惟人是保:只求保卫民众。人,武经本作"民"。 ③利合于主:符合君主的利益。 ④国之宝:国家的宝贵财富。

视卒如婴儿①,故可与之赴深谿②;视卒如爱子,故可与之俱死。厚而不能使③,爱而不能令④,乱而不能治,譬若骄子,不可用也。

[**注释**]①视:看待、对待。 ②深谿:较深的山涧,此喻危险的地方。谿,同"溪",山间的河沟。 ③厚:厚待、厚养。 ④爱:此指偏爱、溺爱。令:指导、教育。

知吾卒之可以击,而不知敌之不可击,胜之半也①;知敌之可击,而不知吾卒之不可以击,胜之半也;知敌之可击,知吾卒之可以击,而不知地形之不可以战,胜之半也。故知兵者,动而不迷②,举而不穷③。故曰:知彼知己,胜乃不殆;知天知地,胜乃不穷④。

[**注释**]①胜之半:指胜利的可能占一半。 ②动而不迷:行动不迷惑。迷,迷惑、迷惘。 ③举而不穷:措施变化无穷。举,举措、措施。 ④不穷:武经本作"可全"。

九　地

孙子曰:用兵之法,有散地①,有轻地②,有争地③,有交地④,有衢地,有重地⑤,有圮地,有围地,有死地。

[**注释**]①散地:在本土作战的地区。　②轻地:进入敌境不深的地区。③争地:敌我双方争夺的地区。　④交地:道路交错的地区。　⑤重地:进入敌境较深的地区。

诸侯自战其地,为散地。入人之地而不深者,为轻地。我得则利,彼得亦利者,为争地。我可以往,彼可以来者,为交地。诸侯之地三属①,先至而得天下之众者,为衢地。入人之地深,背城邑多者,为重地。行山林、险阻、沮泽,凡难行之道者,为圮地。所由入者隘②,所从归者迂③,彼寡可以击吾之众者,为围地。疾战则存④,不疾战则亡者,为死地。

[**注释**]①三属:指三国交界的地方。属,归属、隶属。　②隘:地势狭隘。③迂:道路迂远。　④疾战:迅速决战,汉简本无"战",下同。

是故散地则无战①,轻地则无止②,争地则无攻,交地则无绝③,衢地则合交④,重地则掠⑤,圮地则行,围地则谋,死地则战。

[注释]①无战:不宜作战。 ②无止:不宜停留;一说不停地进攻敌人。③无绝:指军队联络不宜断绝;一说保证道路畅通,不受敌人阻隔。 ④合交:指结交邻国,争取外援。 ⑤掠:掠夺、抢夺;此指夺取敌人的物资。

所谓古之善用兵者,能使敌人前后不相及①,众寡不相恃②,贵贱不相救③,上下不相收④,卒离而不集⑤,兵合而不齐。合于利而动,不合于利而止。

[注释]①及:照顾、策应。 ②恃:依赖、倚仗。 ③贵贱:指将吏和士卒。 ④收:收拢、聚集。 ⑤离:分离、分散。

敢问①:敌众整而将来②,待之若何?曰:先夺其所爱③,则听矣④。

[注释]①敢问:试问,表示冒昧询问别人。 ②本句汉简本作"敌众以正将来"。 ③爱:指关键、要害。 ④听:听从,指听人摆布。

兵之情主速①,乘人之不及②,由不虞之道③,攻其所不戒也。

[注释]①情:情理、道理。 ②不及:指来不及防备、措手不及。 ③虞:预料、料想。

凡为客之道,深入则专①,主人不克②;掠于饶野③,三军足食;谨养而勿劳④,并气积力⑤;运兵计谋⑥,为不可测⑦。

[注释]①专:指军心一致。 ②主人:在本土作战的军队。克:战胜、取胜。 ③饶野:富饶的乡野。 ④谨养:注意休整。 ⑤并气积力:提高士气,积蓄力量。 ⑥运兵:部署军队。计谋:筹划作战方略。 ⑦本句谓使敌人无法判断。

投之无所往①,死且不北②,死焉不得③,士人尽力。兵士甚陷则不惧④,无所往则固⑤,深入则拘⑥,不得已则斗。是故其兵不修而戒⑦,不求而得,不约而亲,不令而信,禁祥去疑⑧,至死无所之。

[注释]①投:投放、放入。无所往:指走投无路、无路可走。 ②本句谓士卒宁死不退。 ③死焉不得:既然死都不怕,还有什么不可得呢?一连下句作"死,焉不得士人尽力"。 ④甚陷:深深地陷入困境。 ⑤固:结实、牢固,此指军心稳定。 ⑥深入:指深入敌境,武经本作"入深"。拘:拘束、束缚,此指行动一致而不涣散。 ⑦不修而戒:不需要整治,就能加强戒备。⑧本句谓禁止迷信和谣言,打消士卒的疑虑。祥,吉凶的预兆,泛指各种迷信活动。

吾士无余财,非恶货也①;无余命,非恶寿也②。令发之日,士卒坐者涕沾襟③,偃卧者涕交颐④。投之无所往者,诸刿之勇也⑤。

[注释]①恶:厌恶、讨厌。 ②寿:寿命、长命。 ③涕:眼泪、泪水。④偃卧:仰面躺着,汉简本无"偃"字。交颐:即泪流满面。颐,面颊。 ⑤诸刿:专诸和曹刿,都是春秋时期著名的勇士。

故善用兵者,譬如率然①。率然者,常山之蛇也②。击其首则尾至,击其尾则首至,击其中则首尾俱至③。

[注释]①率然:一种生活于常山地区的蛇。　②常山:即恒山,在今河北曲阳县西北与山西接壤处。　③中:身体中部,汉简本作"中身"。

敢问:兵可使如率然乎?曰:可。夫吴人与越人相恶也,当其同舟而济,遇风,其相救也,如左右手。是故方马埋轮①,未足恃也;齐勇若一,政之道也②;刚柔皆得③,地之理也。故善用兵者,携手若使一人④,不得已也⑤。

[注释]①方马:把马并排系在一起。轮:车轮。　②本句谓使全军上下齐心协力,在于正确的教育指导。　③刚柔:军队的强弱、优劣,一说指地势的高低、险易。　④携手:此指提挈、指挥。　⑤不得已:谓作战态势不得不这样。

将军之事,静以幽①,正以治②。能愚士卒之耳目③,使之无知。易其事④,革其谋⑤,使人无识;易其居,迂其途,使人不得虑⑥。帅与之期⑦,如登高而去其梯;帅与之深入诸侯之地,而发其机⑧。焚舟破釜⑨,若驱群羊,驱而往,驱而来,莫知所之。聚三军之众,投之于险,此谓将军之事也。

[注释]①静以幽:沉着冷静,深邃莫测。幽,深邃、幽深。　②正以治:公正严明,有条不紊。　③愚:蒙蔽。　④易:改变、变换。　⑤革:改变、撤除。　⑥虑:思虑、图谋。　⑦本句谓将帅向部下下达任务。　⑧本句谓像扣动弩机射出的箭,使士卒一往直前。　⑨汉简本无此四字。

九地之变,屈伸之利①,人情之理,不可不察。

[注释]①屈伸:伸缩,谓该缩则缩,该伸则伸。

九　地

凡为客之道,深则专,浅则散。去国越境而师者,绝地也;四达者,衢地也;入深者,重地也;入浅者,轻地也;背固前隘者①,围地也;无所往者,死地也。

[注释]①背固前隘:背后地势险要,前面道路狭窄。

是故散地,吾将一其志①;轻地,吾将使之属②;争地,吾将趋其后③;交地,吾将谨其守;衢地,吾将固其结④;重地,吾将继其食⑤;圮地,吾将进其途⑥;围地,吾将塞其阙⑦;死地,吾将示之以不活⑧。故兵之情,围则御⑨,不得已则斗,过则从⑩。

[注释]①一其志:统一军队的意志。　②使之属:使军队相互配合。③趋其后:使后续部队迅速跟进。　④固其结:与邻国加强交往。　⑤继其食:补充军粮,保障供给。　⑥进其途:迅速通过。　⑦塞其阙:堵塞缺口。⑧示之以不活:表示死拼的决心。　⑨御:防御、防守。　⑩本句谓陷入危险的境地,士卒就听从指挥。

是故不知诸侯之谋者,不能预交①;不知山林、险阻、沮泽之形者,不能行军;不用乡导者,不能得地利。

[注释]①预交:与诸侯结交;《军争篇》作"豫交","预"与"豫"相通。

四五者①,不知一,非霸王之兵也②。夫霸王之兵,伐大国,则其众不得聚;威加于敌,则其交不得合。是故不争天下之交,不养天下之权③,信己之私④,威加于敌,故其城可拔,其国可隳⑤。

[注释]①四五者:即九地。九地之中,四项为主兵,五项为客兵,分别言

之。一说当作"此三者",指上述"预交"、"行军"和"地利"。　②霸王:即霸主,春秋时期诸侯公推的盟主,汉简本作"王霸",下同。　③本句谓不在别国培植自己的势力。　④本句谓施展自己的战略意图。　⑤隳:音 huī,毁坏、毁灭。

施无法之赏①,悬无政之令②,犯三军之众③,若使一人。犯之以事,勿告以言;犯之以利,勿告以害④。投之亡地然后存,陷之死地然后生。夫众陷于害,然后能为胜败⑤。

[**注释**]①无法之赏:不符合有关法令的奖赏。　②无政之令:不符合有关政策的法令。　③犯:指驱使、指挥。　④此二句汉简本作"犯之以害,勿告以利"。　⑤胜败:谓在绝境中取得胜利。

故为兵之事,在于顺详敌之意①,并敌一向②,千里杀将③,此谓巧能成事者也④。

[**注释**]①顺详:假装顺从。详,通"佯",假装、故意。　②并敌一向:集中兵力,指向一点。　③千里杀将:千里行军,也能斩杀敌将。　④本句汉简本作"此谓巧事"。

是故政举之日①,夷关折符②,无通其使③,厉于廊庙之上④,以诛其事⑤。

[**注释**]①政举:指决定战争行动。　②夷关折符:封锁边关卡,废除通行证。夷,销毁、毁灭,此指封锁。关,关卡、关塞。符,通行证,用木、竹、铜料制成,上刻图文,分为两半,各执一半,作为凭证。　③使:使节、使者。　④厉,通"砺",磨砺、砥砺,此指反复推敲。廊庙:祖庙、庙堂。　⑤诛:指研究决定,一作"谋"。

敌人开阖①,必亟入之②。先其所爱,微与之期③。践墨随敌,以决战事④。是故始如处女,敌人开户⑤,后如脱兔⑥,敌不及拒⑦。

[注释]①开阖:指有隙可乘。阖,门扇。 ②必亟入之:必须迅速乘机而入。 ③微:不、没有。期:指约定交战日期。 ④此两句谓不墨守成规,随着敌情的变化,决定作战方略。践,一作"刬",铲除。墨,绳墨,引申为准则、法度。 ⑤开户:指露出空当。户,门、门户。 ⑥脱兔:逃脱的兔子,此喻行动非常迅速。 ⑦拒:抗拒、对抗。

火 攻

孙子曰:凡火攻有五:一曰火人①,二曰火积②,三曰火辎③,四曰火库④,五曰火队⑤。

[注释]①火:焚烧,下同。 ②积:积蓄的粮草。 ③辎:辎重。 ④库:保存车马、兵器的仓库。 ⑤队:同"隧",通道。

行火必有因①,烟火必素具②。发火有时,起火有日。时者,天之燥也;日者,月在箕、壁、翼、轸也③。凡此四宿者,风起之日也。

[注释]①因:凭借、依据,此指火攻的条件。 ②烟火:发火器材;汉简本作"因"。 ③箕、壁、翼、轸:二十八宿中的四个星座,传统认为月亮经过这些星座的时候,就是起风的日期。

凡火攻,必因五火之变而应之①。火发于内,则早应之于外。火发兵静者,待而勿攻。极其火力②,可从而从之③,不可从而止。火可发于外,无待于内,以时发之。火发上风,无攻下风。昼风久,夜风止。凡军必知有五火之变,以数守之④。

[注释]①五火:即上述五种火攻方式。应:指动用兵力策应。 ②本句谓等到火势最猛。火力,汉简本作"火央"。 ③从:跟从、随从,此指趁势进攻。 ④本句谓等候火攻的条件。数,指火攻的条件。

故以火佐攻者明①,以水佐攻者强②。水可以绝③,不可以夺④。

[注释]①明:分明、明显,此指效果显著。 ②强:指威力强大。 ③绝:隔绝、断绝。 ④夺:指夺取军用物资。

夫战胜攻取,而不修其功者①,凶②,命曰费留③。故曰明主虑之,良将修之。

[注释]①不修其功:不能维护胜利成果。修,汉简本作"隋"。 ②凶:不幸、凶险。 ③费留:白费财物,谓军费像流水般逝去;一说指吝惜财物,不及时论功行赏。

非利不动,非得不用①,非危不战。主不可以怒而兴师,将不可愠而致战②。合于利而动,不合于利而止。怒可以复喜,愠可以复悦,亡国不可以复存,死者不可以复生。故明君慎之,良将警之③,此安国全军之道也。

[注释]①得:指赢得战争、取得胜利。 ②愠:怨愤、愤怒。 ③警:警惕。

用　　间

　　孙子曰：凡兴师十万，出征千里，百姓之费，公家之奉，日费千金；内外骚动，怠于道路①，不得操事者②，七十万家。相守数年③，以争一日之胜，而爱爵禄百金④，不知敌之情者，不仁之至也，非人之将也⑤，非主之佐也，非胜之主也⑥。

　　[注释]①怠：疲惫、懈怠。　②操事：指从事农业生产。　③相守：指敌我双方相持。　④爱：吝啬、吝惜。爵禄：爵位和俸禄。百金：泛指各种金银财宝。　⑤人：汉简本作"民"。　⑥主：主宰；一说指君主。

　　故明君贤将，所以动而胜人①，成功出于众者，先知也②。先知者，不可取于鬼神③，不可象于事④，不可验于度⑤，必取于人，知敌之情者也。

　　[注释]①动而胜人：出兵就能战胜敌人。　②先知：预先了解敌情。　③鬼神：指祈祷、占卜、祭祀等迷信方式。　④象：类比、比附。　⑤验：验算、验证。度：度数，即日月星辰的位置。

　　故用间有五：有因间①，有内间②，有反间③，有死间④,有生间⑤。五间俱起,莫知其道⑥,是为神纪⑦,人君之宝也。

[注释]①因间:利用敌将的乡人做间谍;一作"乡间",下同。 ②内间:收买敌国官员做间谍。 ③反间:收买敌方间谍为我方所用。 ④死间:散布假情报使敌人把我方叛逃的间谍处死。 ⑤生间:我方间谍到敌国了解情况。 ⑥道:途径、方法。 ⑦神纪:神妙莫测的方法。

因间者,因其乡人而用之①。内间者,因其官人而用之②。反间者,因其敌间而用之。死间者,为诳事于外③,令吾间知之,而传于敌间也④。生间者,反报也⑤。

[注释]①因:凭借、根据,此指利用。 ②官人:官员、官吏。 ③为诳事于外:向外散布假情报。诳,欺骗、迷惑。 ④敌间:一作"敌",无"间"字。 ⑤反报:返回报告。反,同"返",返回。

故三军之事①,莫亲于间,赏莫厚于间,事莫密于间②。非圣智不能用间,非仁义不能使间,非微妙不能得间之实③。

[注释]①事:汉简本作"亲"。 ②密:秘密、机密。 ③微妙:深奥玄妙,此指用心精细、手段巧妙。实:实际情况。

微哉微哉①!无所不用间也。间事未发而先闻者,间与所告者皆死。

[注释]①微:即微妙。

凡军之所欲击,城之所欲攻,人之所欲杀,必先知其守将、左右、谒者、门者、舍人之姓名①,令吾间必索知之②。

[注释]①谒者:负责传达事务的官吏。门者:守门的人。舍人:门客、幕僚。 ②索:搜索、寻求。

必索敌人之间来间我者,因而利之①,导而舍之②,故反间可得而用也。因是而知之③,故乡间、内间可得而使也;因是而知之,故死间为诳事,可使告敌;因是而知之,故生间可使如期④。五间之事,主必知之,知之必在于反间,故反间不可不厚也。

[注释]①利:利诱、收买。 ②导:开导、引导。舍:放走、释放,一说指留住、安顿。 ③本句谓利用掌握敌情。 ④如期:指按期回报敌情。

昔殷之兴也①,伊挚在夏②;周之兴也③,吕牙在殷④。故惟明君贤将,能以上智为间者⑤,必成大功。此兵之要,三军之所恃而动也。

[注释]①殷:即商朝,因迁都于殷(今河南安阳),又称殷朝。 ②伊挚:即伊尹,原为夏桀之臣,熟悉夏朝内情,后助商汤灭夏,被任用为相。夏:即夏朝。 ③周:即周朝。 ④吕牙:即姜尚,原为商纣之臣,熟悉商朝内情,后助周武王灭商,被分封于齐。 ⑤上智:才智超群的人。

参 考 文 献

《银雀山汉墓竹简(壹)·孙子兵法》,文物出版社,1985年版。
《十一家注孙子》,中华书局影印宋本,1961年版。
《孙子》,续古逸丛书影宋武经七书本。
司马迁:《史记》,中华书局,1982年版。
杨炳安:《十一家注孙子校理》,中华书局,1999年版。
谢祥皓、刘申宁辑:《孙子集成》,齐鲁书社,1993年版。
吴九龙主编:《孙子校释》,军事科学出版社,1990年版。
于汝波主编:《孙子学文献提要》,军事科学出版社,1994年版。
龚留柱:《武学圣典》,河南大学出版社,1995年版。
赵海军:《孙子学通论》,国防大学出版社,2000年版。
于汝波主编:《孙子兵法研究史》,军事科学出版社,2001年版。
黄朴民:《刀剑书写的永恒》,国防大学出版社,2002年版。
赵国华:《中国兵学史》,福建人民出版社,2004年版。

近期国学读物要目

国学新读本
诗经　梁锡锋　注说
论语　臧知非　注说
尚书　姜建设　注说
国语　曹建国　张玖青　注说
孔子家语　杨朝明　注说
山海经　郑慧生　注说
墨子　苏凤捷　程梅花　注说
孟子　何晓明　周春健　注说
庄子　曹础基　注说
荀子　杨朝明　注说
韩非子　赵沛　注说
孙子兵法　赵国华　注说
楚辞　李中华　邹福清　注说
潜夫论　王健　注说
文心雕龙　戚良德　注说
商君书　徐莹　注说
战国策　张彦修　注说
淮南子　杨有礼　注说
老子　曹峰　注说
礼记　杨天宇　注说
吕氏春秋　张福祥　注说
世说新语　赵成林　陈艳　注说
史通　李振宏　注说
春秋繁露　曾振宇　注说

百年河大国学旧著新刊
河洛方言诠诂　王广庆　著
三统历表　邵瑞彭　著
中国戏剧概论　卢前　著
晚明思想史论　嵇文甫　著
论语新探　赵纪彬　著

天问研究　孙作云　著
汉魏六朝文学史　李嘉言　著
金艺文志　金登科记考　万曼　著
唐集叙录　万曼　著
中国文学史新编　张长弓　著
汉碑集释　高文　著
袁中郎研究　任访秋　著
东夷杂考　李白凤　著
宋会要辑稿考校　王云海　著
长江集新校　李嘉言　著
高适岑参选集　高文　王刘纯　选著
花间集注　华锺彦　著
庆湖遗老诗集校注　王梦隐　著
曾瑞散曲集校注　李春祥　著
辛弃疾选集　佟培基　选著

于安澜书画学四种

画论丛刊
画史丛书
画品丛书
书学名著选

元典文化丛书

中华第一经——《周易》与中国文化　宋会群　苗雪兰　著
教化百科——《诗经》与中国文化　孙克强　张小平　著
经国治民之典——《周礼》与中国文化　郝铁川　著
哲人的智慧——《老子》与中国文化　高秀昌　龚力　著
圣人箴言录——《论语》与中国文化　李振宏　著
武学圣典——《孙子兵法》与中国文化　龚留柱　著
亚圣思辨录——《孟子》与中国文化　何晓明　著
逍遥之祖——《庄子》与中国文化　白本松　王利锁　著
外王之学——《荀子》与中国文化　张曙光　著
中国帝王术——《韩非子》与中国文化　王宏斌　著
史家绝唱——《史记》与中国文化　邓鸿光　著
诸经总龟——《春秋》与中国文化　涂文学　周德钧　著
管理宝典——《管子》与中国文化　袁闯　著
纵横家书——《战国策》与中国文化　张彦修　著
人仙之间——《抱朴子》与中国文化　徐仪明　冷天吉　著

医学圣典——《黄帝内经》与中国文化　王庆宪　梁晓珍　著
礼乐渊薮——《礼记》与中国文化　黄宛峰　著
词章之祖——《楚辞》与中国文化　李中华　著
星学宝典——《历书天官书》与中国文化　郑慧生　著
天人衡中——《春秋繁露》与中国文化　曾振宇　范学辉　著
王政全书——《吕氏春秋》与中国文化　张富祥　著
神话之源——《山海经》与中国文化　高有鹏　孟芳　著
新道鸿烈——《淮南子》与中国文化　杨有礼　著
史家龟鉴——《史通》与中国文化　曾凡英　著
政事纲纪——《尚书》与中国文化　姜建设　著
春秋弦歌——《左传》与中国文化　龚留柱　著
平民理想——《墨子》与中国文化　苏凤捷　程梅花　著
人伦本原——《孝经》与中国文化　臧知非　著
法典之王——《唐律疏议》与中国文化　徐永康　吉霁光　郑取　著
文论巨典——《文心雕龙》与中国文化　戚良德　著

宋代研究丛书

北宋诗学　张海鸥　著
宋代东京研究　周宝珠　著
宋代地域经济　程民生　著
宋代监察制度　贾玉英　著
宋代官员选任和管理制度　苗书梅　著
宋代地域文化　程民生　著
宋代文学通论　王水照　主编
宋代司法制度　王云海　主编
宋代教育　苗春德　主编
清明上河图与清明上河学　周宝珠　著
宋代文化史　姚瀛艇　主编
黄庭坚与宋代文化　杨庆存　著
宋代交通管理制度研究　曹家齐　著
岳飞和南宋前期政治与军事研究　王曾瑜　著
成圣之道——北宋二程修养工夫论之研究　温伟耀　著
宋代绘画研究　邓乔彬　著

汉语史专书语法研究丛书

《三朝北盟会编》语法研究　刁晏斌　著
《荀子》虚词研究　黄珊　著
《晏子春秋》词类研究　姚振武　著

《聊斋俚曲》语法研究　冯春田　著
《孟子》词类研究　崔立斌　著
《朱子语类辑略》语法研究　吴福祥　著
敦煌变文12种语法研究　吴福祥　著
《吕氏春秋》句法研究　殷国光　著
《尚书》语法论稿　钱宗武　著
《左传》语法研究　何乐士　著
《元典章·刑部》语法研究　李崇兴　祖生利　著
汉语语法史断代专书比较研究　何乐士　著

图书在版编目（CIP）数据

孙子兵法/赵国华注说.—开封：河南大学出版社，2008.3(2015.1重印)
（国学新读本）
ISBN 978-7-81091-758-2

Ⅰ.孙… Ⅱ.赵… Ⅲ.①兵法—中国—春秋时代 ②孙子兵法—注释 Ⅳ.E892.25

中国版本图书馆CIP数据核字（2008）第013432号

责任编辑	杨风华
封面设计	马 龙

出版发行	河南大学出版社
	地址：河南省开封市明伦街85号 邮编：475001
	电话：0371－22825003(营销部) 网址：www.hupress.com
排 版	河南第一新华印刷厂
印 刷	开封智圣印务有限公司
版 次	2008年3月第1版 印 次 2015年1月第2次印刷
开 本	650mm×960mm 1/16 印 张 9.75
字 数	122千字 印 数 2001—3000册
定 价	17.00元

（本书如有印装质量问题请与河南大学出版社营销部联系调换）